IGPI流

経営分析のリアル・ノウハウ

Kazuhiko Toyama
冨山 和彦
Industrial Growth Platform, Inc.
経営共創基盤

PHP
Business Shinsho

PHPビジネス新書

はじめに――あなたは本当の経営分析ができますか？

世に経営分析や財務分析の本は山とある。そのほとんどに正しいことが書いてあり、そこで示されている分析の手法や指標は、会社や事業を理解するうえで有効なものである。その一方で、世の中に出回っているアナリストのレポートや、業界専門誌の経営分析、あるいはＭ＆Ａなどに関連して調査会社やコンサルティング会社が請け負ってつくる、財務デューディリジェンス（ＤＤ）や事業ＤＤの報告書には、あとで読んでみるとかなり「イタイ」内容のものが少なくない。

こうした分析を行っている人々も、当然、さまざまな分析手法を身につけているし、それを駆使して調査・分析を行っている。しかしなぜ、そうしたテクニックが必ずしも的確に使われないのか。それが本書を書こうと考えた問題意識だった。

私自身を含む本書の筆者3人は、いずれも、産業再生機構あるいは現在の経営共創基盤

（ＩＧＰＩ）において、会社が生きるか死ぬかの修羅場や経営改革の現実の成果を出さねばならない状況で、真剣勝負の経営分析をやってきたプロフェッショナルである。そうしたリアルな局面で、どんな分析能力が求められるのか、どんな手法が役に立ち、その手法をどのように使いこなせば、有効な分析ができ、会社や事業に関する正しい認識を持てるのか。経営者、投資家、経営コンサルタントとしての私たちのシビアな経験に基づいた、リアルな経営分析の方法論を皆さんと共有することが、本書の目的である。

資産回転率とは何か、インタレストカバレッジはどう計算するのか、固変分析をどうやるのか、といった話は、本書には出てこない。そういった知識は、別の教材で勉強してもらいたい。こうした知識、スキルは、人間の体にたとえると、体温や血圧といった指標とその測り方と同じである。

もちろん、そうした指標はとても大事だし、そこで正確な測定がなされることもきわめて重要。しかし、医者が最終診断を出すために本当に必要な能力は、個別具体的な患者の状況において、そういった指標が何を意味するのか、逆にある病気を疑ったときに何を精密に調べ、分析すればよいかを判断することである。本書で紹介するノウハウ、チェックポイント、方法論は、まさに最終診断力としての経営分析力に関わるものである。

そこでいくつかクイズを出すので考えてもらいたい。

第1問　次の4つのビジネスを、勝ちパターンの違いから2つのグループに分けるとするとどんな組み合わせになるか？　それはどんな違いから分けられるのか？

①生コンメーカー
②化学メーカー
③電炉鉄鋼メーカー
④高炉鉄鋼メーカー

第2問　次の4つのビジネスの中で、事業の経済的な性格づけの視点から見て、最も仲間外れの事業はどれか？　逆に最もよく似ているのはどれとどれか？

①大手エアライン
②旅行代理店
③路線バス
④鉄道

第3問　ある会社の競争力を見るうえで、会社サイドだけでなく、顧客サイドのそろばん勘定をより深く分析する必要のある事業はどれか？

①ビジネスプロセスアウトソーシング（BPO）
②ファーストフードレストラン
③分譲不動産
④大型工作機械

第4問　適用すべき経営分析手法の観点から、次の4つのビジネスを2つのグループに分けるとするとどんな組み合わせになるか？　それはどんな観点から分けられるのか？

①携帯電話〈通信サービス〉
②携帯ショップ
③生命保険
④保険ブローカー

さあ、どうだろう？　ここで間違えると、あなたはウイルス感染の患者にウイルスには効かない抗生物質を投与したり、同じ風邪だというだけで年齢性別に関係なく同じ処方箋を書いたりするような、いわゆる「やぶ医者」と同じになってしまう。これらのクイズを考える切り口は、本書を読み進めることで理解してもらえるはずだ。会社と事業のよき診断者となる（少なくともやぶ医者ではなくなる）ための、最も基本的な事柄を、できるだけわかりやすく説明するように努力したつもりである。

誰しも会社や事業について、かなりの真剣勝負で、当事者の立場で見立てをしなくてはならないことがある。経営者でなくても、自分が勤めている会社は大丈夫か？　自分のいる事業部は？　取引先は大丈夫か？　を真面目に考えねばならない状況に遭遇するはずだ。金融機関や投資会社に勤めていれば、融資や出資すべきか否かは、日常業務そのものであり、まさにこのリアルな経営分析力が問われる状況だ。実は私たちビジネスパーソンの人生には、会社や事業が実際のところどれだけのものか、意識、無意識の判断を迫られることが少なくないのだ。

リアルな経営分析力は、読者の皆さんが仕事で関わる多くの人々の人生、そして何より皆さん自身と皆さんの家族の人生にも大きな影響を及ぼしうるのである。その意味で、本書では経営分析の中でも、より客観性が高く、誰しもが共通に身につけうる経済的、論理的、数量的な側面での経営分析手法を中心に扱っている。

もちろんその先に、より高度に経営の人間的側面、情緒的側面から会社や事業のクセ、本性を分析し、洞察する世界がある。本書でも、そのさわりには触れているが、まずは基本である。応用編、すなわち経営における主観的、人間的要素をいかに洞察するかは、本書において皆さんとリアル経営分析の基本編を共有してから、次の機会のお楽しみにしよう。

繰り返しになるが、筆者の3人は、自分たちが判断を誤れば、多くの人々とその家族の人生を壊し、国民の皆さんの税金や金融資産を大きく毀損しかねない、真剣勝負の世界でさまざまな経営分析を数多くやってきた。本書によって、こうした経験を下敷きにした、真に実践的で、それゆえに真に本質的、基本的な経営分析の方法論、エッセンスを読者の皆さんと少しでも共有できれば幸いである。

平成24年1月

経営共創基盤（ＩＧＰＩ）代表取締役ＣＥＯ／パートナー　冨山和彦

IGPI流

経営分析のリアル・ノウハウ

目次

第2章 ◉ リアル経営分析の進め方

第3章◉生き残る会社と消え去る会社〈実例に学ぶ分析枠組み編〉

第4章◉生き残る会社の数字のつくり方〈ケーススタディーで分析訓練編〉

第1章

リアルな経営分析とは何か？

1 リアル経営分析は企業の健康診断（精密検査）

何をもってAさんを健康と言えるのか

そもそもリアルな経営分析は何のために行うのだろうか。

経営分析の目的ははっきりしている。その会社がいい状態にあるのか、悪い状態にあるのかを見極めることである。

経営分析はよく人間の健康診断にたとえられる。検査をし、出てきた数字をチェックして、健康体なのか、病理的な状態にあるのかを判断し、隠れた病気を見つけたり、将来の予防に役立てたりする。

昔は一律に同じ基準を適用していたが、最近はだいぶ研究が進んで、肝臓のこの数値はAさんにとっては異常値でも、Bさんにとっては OKの範囲内である、といったように、個別に診断を下せるようになってきた。人間の健康診断でも体質や年齢、性別によって見方が変わるように、企業の経営分析でも個体差がある。

業種やビジネスモデル、企業規模によって、健康体のゾーンが違う。ましてや個別企業の置かれた状況によって判断基準がまったく異なるので、ある数字だけを取り出して健康である、病気であるとは一概には言えない。

経営分析とは、言ってみれば、経済メカニズムの分析である。企業は経済的に帳尻が合わないことをしていると、いつかは潰れてしまう。だから、経済的に帳尻が合う構造になっているのかいないのかを知らなければいけない。

帳尻が合っていない場合は、明らかに病気である。あるいは、現在は帳尻が合っている場合でも、何かしら脆い欠陥を抱えていることがある。そこに問題が発生すると、とたんに儲からなくなってしまうのだとすれば、それは潜在的な病理と言える。

企業も生命体として生き続けるためには、定期検診を受けて、予防したり、潜在的なリスクを回避したりしなければいけない。そこで何か異状が見つかれば、さらに精密検査を行い、個別の治療方針、予防方針を立て、実行しなくてはならない。前者に当たるのが四半期決算や定常的な経営モニタリングであり、後者に当たるのがまさに本書のテーマである「リアル経営分析」である。

ちなみにM&A時に行う財務DD（デューディリジェンス）、事業DDも、この「リアル経営分析」のレベルで行われるべき調査・分析となる。

人間の健康診断では、AさんならAさんの年齢や体質や生活習慣といったものを踏まえたうえで、何をもってAさんにとっての健康と定義するのか。そこが見えないと、本当の意味での健康診断、精密検査とは言えない。

経営分析でも、個別企業の実態をつかまえておけば、その企業に応じた診断が下せるようになる。

個別企業固有の経済構造の本質がわかっていると、たとえば、この会社の儲けの根幹は、結局のところ、特定のこの商品が売れているかどうかにかかっている、といったことが見えてくる。

潜在的な病理と顕在化している病理

もし売り上げの大半を占める商品があるとしたら、その企業の最大の課題は、その商品の価格が崩れたらどうすべきかということだ。値崩れするリスクがどれくらいあり、そういう場面に遭遇したらどう対処すべきかを考えておかなければいけない。

そもそも、その価格が今まで通ってきた理由が何かも見ないといけない。たとえば、あるマーケットで独占的地位を築いてきたからだとすれば、独占を崩すような競争相手が出てくるか、何らかの理由で独占禁止法に引っかかったりしない限りは、その企業の収益基盤は安定している。多少人件費が高かろうが、問題ないはずだ。

逆に、明確な背景理由がなくて、たまたま価格に変化がなかったという場合は、今の価格体系が維持できるかどうかは予測がつかない。崩れた瞬間に一気に業績が悪化するということもありうるだろう。

このように、リアルな経営分析では、その企業が抱えている潜在的なリスクは何か、ということも視野に入ってくる。過去を評価するのではなく、将来どうなるかを見極めるのが経営分析の役目だからだ。

同じ病気でも、潜在的な病理と顕在化している病理がある。過ぎたるは及ばざるがごとしで、たとえば、在庫回転率が極端にいい（≒ほとんど在庫を持っていない）場合は、その裏返しで何らかのリスクが隠れていないかを診ないといけない。今回の東日本大震災で、在庫回転率が良く手持ち在庫がほとんどなかった企業がすぐに操業停止に追い込まれたのはその例である。

人間も同じだ。健康のために始めたジョギングで頑張りすぎて心臓が肥大したら、かえってリスクが大きくなるかもしれない。体脂肪率を下げるのは良くても、体脂肪率が極端に低い状態で被災したりすると大変だ。ある程度脂肪がないと、空腹に耐えられないかもしれない。もともと必要性があって、ある程度の体脂肪率を保つようにできている。かといって、脂肪を蓄えすぎてもいけない。別のリスクが増大するからだ。

IGPI流チェックポイント1

隠れた病気を発見し、今後の治療と将来の予防に役立てるのがリアルな経営分析であって、過去を評価するためのものではない。目線はつねに未来に向いている。

2 リアル経営分析はテーラーメイド

同じミカンでもいろいろ種類がある

一般によく使われる財務指標による経営分析は、株式投資のための分析手法に近い。財務指標というのは、個別に見ればかなり違うはずの各企業を同じ土俵に載せて、同じ指標で手っ取り早く比較するためにある。証券市場には多くの銘柄が並んでいるので、同じ基

同じ業界の企業業績の比較

B社のほうがダメな会社か？

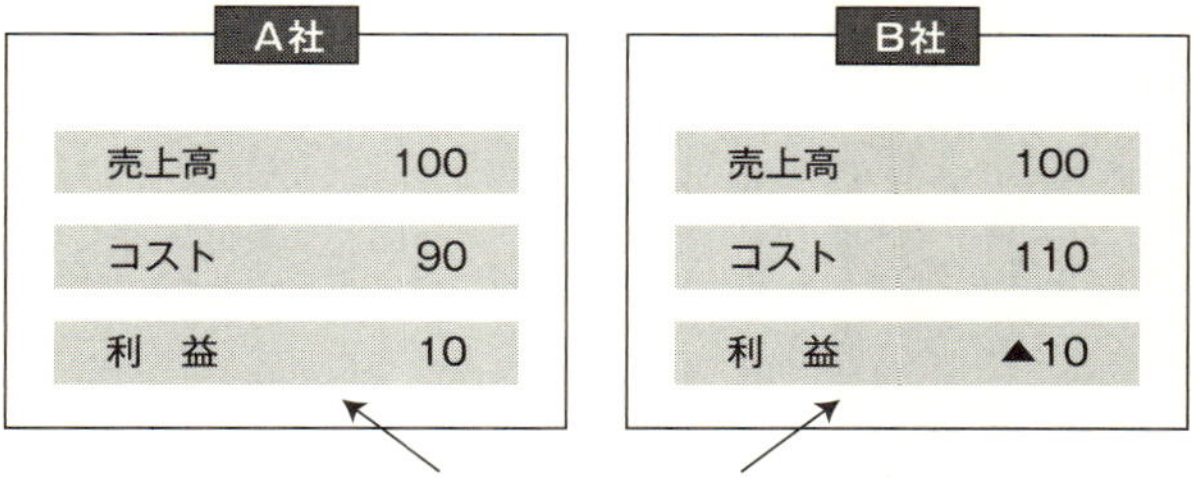

もしかしたらB社は先行投資ステージにあり、
今期利益がマイナスだっただけかもしれない

準で比較できないと、投資家は投資先を選べない。

本来なら、営業利益ひとつとっても、業種が違うものを比較しても意味がないのだが、A社の営業利益率は10%で、B社はマイナス10%だから、B社はダメだという評価をしがちなのが証券市場である。

それはしかたない面もある。証券市場というのは、リンゴとミカンを強引にフルーツでひと括りにして、それを一列に並べて比較するためのものだからだ。財務会計が悪いわけではないし、会計士を責める必要もない。彼らには彼らのミッションがある。

だが、我々のような、現実経営を支援する立場の人間が経営分析をするときは、視点や手法はかなり異なる。必ずしも一般投資家のためにやっているわけではないし、それが一義的な目的ではない。私たちIGPIは、その企業の健全度を見極めて、必要な場合は個別具体的な治療を施すのが仕事。だから、個別企業の実態に応じて、テーラーメイドでやるしかない。リンゴとミカンを区別するだけではなく、ミカンならミカンで、オレンジなのか、夏ミカンなのか、というところまで掘り下げていく。それをあえて「ミカン」でひと括りにして見るようなことはしない。

経営分析では、業種業態だけでなく、個別企業の事情に応じて見方を変えていく。病気か健康かという境目はつねにあいまいで、その線引きは状況によっていくらでも変わるからである。

たとえば、企業の歴史の長さ。組織が古くなってくると、動脈硬化を起こしてくる。若くて新しい企業なら問題にならないことも、古い企業ではリスクになる可能性がある。そのような個別事情を無視して同じ指標で評価すると判断を間違えることになる。

もちろん、規模の大中小でも変わる。大企業にとっては、コンプライアンスやリスクコントロールといった部分はきっちりしていたほうがいいに決まっている。規模が巨大なだけに、きちんと機能分解して、権限規定、業務規定を明確に定めて、その通りに実行する体制ができていないと、コントロールが利かなくなる。マニュアルが必要だ。

だが、100人の企業でそれをやっていたらかなり危険である。お互いに顔が見える距離なのだから、属人的な要素が強いはずで、個人の能力にまかせたほうがうまく回るはずだ。規模が大きくない組織がマニュアルに頼りすぎると危ない。事故が起きる可能性がかえって高くなる。

このように、企業の歴史や規模によって、同じ業種業態でも正反対の結論になってしまうことがある。ところが、ふつうの会計士や中小企業診断士は全部同じ基準でやってしまうので、まったく的外れな結論が出てくることも珍しくない。私たちが出す結論と、逆の結論を出してくるというケースも実際にある。

平均値を見るだけでは、何もわからない

「平均」というのも曲者である。たとえば、平均賃金を見ても、その会社の年齢構成比がわからなければ、なんとも判断できない。平均値で業界平均と比べても、それだけでは高いか低いかはわからない。どこかの航空会社のように、年齢によって違う賃金体系でやっているかもしれない。上の世代の既得権には触れずに、下のほうだけ賃金カットを進めていたりすると、単純な平均値を見るだけでは何もわからない。

ごく単純に言えば、働いている人たちが生み出す個別の付加価値と給料のバランスが適

正なら良い会社であり、良くない会社はそのバランスがうまくとれていない、ということになる。

ある企業の平均賃金が600万円だったとして、それが高いのか低いのかは、中身を見ないと判断できない。現場へ入り、いろいろな人の状況や働きぶりを観察して、最終的には、この人にこの給与はないだろうね、この人はこの給与以上の働きぶりだね、というレベルにまで落とし込む。表面をなぞるだけではなく、CTスキャンで中身を精査しないとわからないということである。

決算書をもとにテンプレートを埋めていけば経営分析ができるといった類いの本があるが、あれでわかった気になってはいけない。もちろん教科書的な知識は必要だが、それだけに頼ると大間違いをする可能性がある。

IGPI流チェックポイント2

リアルな経営分析では企業ごとの実態の違いに目を向けなければいけない。すべてをひと括りで扱う投資家向けの財務分析の世界と違い、リンゴとミカンを一律指標で分析・比較してはならない。

3 そもそもどんな事業を分析しようとしているのか？

化粧品メーカーの4つの事業モデル

経営分析というと、会社の規模や業種や事業モデルの違いとは関係なく、利益率が高いか低いか、回転率がいいか悪いかといった、よくある財務的な指標で一律に評価するものだと思っている人がいる。世の中の経営分析の本も、財務的な指標を解説しているのが大半である。

もちろん同じ健康診断でも、人間ドックのような定期検診、一次スクリーニングのレベルでは、こうした一般指標も有用である。しかし、本当にこの会社が健康かどうか、問題があるならこれからどうしていけばいいかという、具体的な治療方針を決めるための精密検査のレベルでは、そういう一般指標はあまり役に立たなくなる。精密に診る場合は、たとえ同じ業界であっても、事業モデルが異なる場合、分析の勘どころがまったく違ってくるからだ。

たとえば、資生堂やコーセーのように、デパートなどの店舗で美容部員が対面販売する、いわゆる制度品メーカーと、花王やマンダムのように、スーパーや薬局の商品棚からお客がセルフで選んで買う、一般品メーカーでは、同じ化粧品メーカーでもまるで違う。さらに、訪問販売のノエビア、通信販売のファンケルなど、無店舗販売の化粧品会社もある。経済のメカニズムがそれぞれ違う。

ちなみに、「制度品」流通とは、化粧品メーカーが系列販社経由で、直接契約を結んだ小売店に限定して商品を提供する流通であり、「一般品」流通とは、一般の化粧品卸を経由して、メーカーとの取引契約をせずに、小売店に商品を供給する流通のことを言う。

さて、これらの経済メカニズムの違いを無視して、同じ化粧品会社だからといって、単純に並べて、財務指標を比較しても、まったく意味がない。広告宣伝と対面販売を組み合わせて中高価格製品を販売している制度品メーカーと、中低価格製品中心でテレビ広告をバンバン打つ一般品メーカー、コールセンター部隊が大きな通販化粧品会社、広告費はあまりかけず訪問販売員を組織的に動かす訪販メーカーというように、化粧品メーカーでも、事業モデルは大きく異なるのだ。

リアルな経営分析では表面的な数字をなぞるだけではダメで、実際にどのような仕組みで儲けているのか、事業モデルを最初によく考える必要がある。

国内で最大の化粧品メーカーは資生堂、次はカネボウ化粧品を傘下に収めた花王で、3番手はコーセーである。3社に共通しているのは、いずれも制度品メーカーだということ。ドラッグストアなどで買える一般品も売っているが、基本は対面販売の制度品である。

対面販売の制度品メーカーは、非常に大きな営業組織を持っている。営業組織の人件費は固定費になるので、1万人の固定費の中でどれだけ売り上げを増やせるかという議論ができる。1人の美容部員が1万円売っていたのを1万2000円売ると、2000円の1万倍で2000万円の売り上げ増になる。ということは、プロダクトブランド志向でコマーシャルをブランド別に打っているところよりも、規模効果（第3章にて詳しく解説）が働いてしまう可能性がある。

そうしたことは、実際に何をやっているかを理解しないと見えてこない。しかし一般の経営分析では、化粧品業界というおおざっぱな括りで分析しがち。化粧品イコールブランドビジネスということで、各社の保有するブランドの競争力や収益力ばかりを一生懸命に分析したりする。だが、それだけでは意味のある結論は得られない。

PLを見るときは「想像力」がカギになる

ある企業を分析するときの手段としては、PL（損益計算書）、BS（貸借対照表）、CS（キャッシュフロー計算書）の財務三表がある。なかでもPLは、その企業の経済メカニズムを知るうえで、またとない入り口となる。

よく、PLの数字を見て、いきなり利益率が高いから良いとか、業界平均や過去と比べてこの数字が良くないとか言い出す人がいるが、この段階で数字の良し悪しの議論をしても意味がない。

むしろ大事なのは、そうした数字から、その企業が実際にどういう事業を行っているのか、想像力を働かせることである。

たとえば、どういうわけか回転率がいいなとか、逆に妙に販管費（販売管理費）が高いなというときに、良し悪しの判断に即座に入るのではなく、どうしてそうなっているのか、自分の頭の中で想像してみる。わからなければ関係者にヒアリングしたり、現場に足を運んだりして、実態としての事業のありようをつかむことが何よりも大事である。

その手間を省いて、数字の評価に終始してしまうと、とんでもない結論が出てしまう。

化粧品会社でもこんなに違う

（単位：%）

	資生堂	花王	ノエビア	ファンケル
販管費※／売上高	50.9	45.7	60.3	57.8
人件費※※／売上高	7.3	2.6	19.6	14.6
広告宣伝費／売上高	10.6	7.7	1.5	7.1

注：2009年度データ
※ 販売費及び一般管理費　※※ 販管費中に計上されている人件費のみ

たとえば、訪問販売している訪販メーカーの広告宣伝費効率がいい（売り上げに対しての広告宣伝費の比率が低い）のは当たり前で、もともと広告宣伝費に依存していないからだ。その代わり、販売人件費効率が悪く（売り上げに対しての販売人件費の比率が高く）なっている。一方、広告宣伝をしっかりやってプルで売っている、お客を引っ張ってきて売る一般品メーカーは、販売人件費効率は良いだろう。

同じ化粧品メーカーという括りで比較しても、リンゴとミカンを比べているようなもので、意味がないことがわかるはずだ。

あくまで、事業実態と活動があり、その結果として数字が存在するのであり、単に数値だけ取り出して比較することには意味がない。

高炉はメーカー、電炉は加工流通業

鉄鋼メーカーは今、合併に次ぐ合併で、世界的なコンソリデーション（整理統合）の時代を迎えている。だが、それも石炭と鉄鉱石を買ってきて、それを溶かすという高炉メーカーに限った話で、同じ鉄でも電炉メーカーには当てはまらない。巨大な装置産業である高炉メーカーは大きな固定費を抱えているので、生産ボリュームを拡大していくと利益が上がっていくが、電炉メーカーは規模拡大による経済的メリットはあまり得られない。

電炉メーカーは、基本的に集めてきたくず鉄（鉄スクラップ）を溶かして、再製品化している。いちばん多いのが建設資材で、コンクリートの鉄筋などに使われる棒鋼やH型鋼、厚板などを製造する。そのため、典型的な電炉ビジネスは、くず鉄が最も効率的に集まるところに立地する。あまり在庫を抱えず、高回転で、すぐに溶かして、そのまま棒鋼や厚板にして、さっさと出荷してしまう。

要するに、回転率勝負のビジネスである。くず鉄が工場に入ってから、製品化されて出ていくまで、1週間や2週間という短いサイクルで回している。そこが高炉メーカーとはまったく違う。

高炉はいわゆるメーカーで、電炉はすぐれて加工流通業に近い。ということは、電炉メーカーはロケーションが重要な意味を持つ。くず鉄が効率的に集まり、かつ、需要地から近いところ。棒鋼の最も典型的な使い途は、鉄筋コンクリートの鉄筋、つまり、マンション建設ラッシュがあるところ、というように最適立地が決まる。

仮に電炉メーカーの工場を土地が安いという理由で山奥につくったとしても、うまくいかない。まずくず鉄が出ない。近くにマンションも建たない。いくら山奥に近代的な設備の立派な工場をつくっても儲からない。ましてや、会社を大きくする意味はない。だから、高炉と電炉を2つ並べて同じ土俵で比較しても、まったく意味がないのである。

リアルな世界での経営分析というのは、そういうものである。まずは、実際に行われている事業の姿が想像できないと、分析すらできない。そこからすべてが始まるのだ。

IGPI流チェックポイント３

経営分析はナマの事業モデルをつかまえることからスタートする。ミカンとオレンジは、よくよく見ないと区別がつかない。

4 インパクトの大きい本質的な部分に焦点を当てる

航空会社とバス会社は同じ経済構造

世の中の専門家と呼ばれる人たちは、複雑で高尚なことを言いたがる。だが、たいていのビジネスそのものの本質は、複雑で高尚なものではない。

筆者がJAL再生タスクフォースに携わったときも、エアラインビジネスについて、一部の専門家が難しいことを言っていた。でも、飛行機を買い、公共の空や空港を使って、あるところからあるところへ、安全に人や荷物を運ぶということでは、経済行為の本質としては、バス会社のやっていることとそれほど変わらない。むしろ路線の自由度はバス会社のほうがはるかに高い。私たちIGPIは福島交通、茨城交通、岩手県北自動車というバス会社を経営しているから、そうした感覚はもともと持っている。

実際、専門家の多くが論評していたのは、やらないよりはやったほうがいいというレベルの話が多かった。確かにかなりマージナル（周辺、境界）な部分で差がつくことはあるかもしれない。

だが、そんなことよりも、航空会社にとってはテロや経済危機のような、一発大きなイベントがあったときのインパクトのほうがはるかに大きい。テレビや雑誌に登場する連中も、目立つ話や、スキャンダラスな話には飛びつくが、その多くが、業績インパクトがわずか2、3％の問題だったりする。SARS（重症急性呼吸器症候群）が流行ったり、原油価格が10％くらい高騰したりすれば、そんな細かな問題はすぐに吹き飛んでしまう。

エアラインはさまざまな外的要因によって、需要が2、3割はすぐに変動してしまうような、非常にボラティリティ（変動幅）の高いビジネス。おまけにコストの大半は固定費であり、売り上げの変動は収益を極端に上下動させる。だから、細かい話よりも、これからもきっと起きるであろうボラティリティに対して、どれだけ免疫力を高めておくかのほうが重要なはずだ。

LCC（格安航空会社、Low-Cost Carrier）も、とりたてて難しいことをやっているわけではない。多くの会社が使っていて運航コストの安い機体を、できるだけ安く（多くの場合は中古で）手に入れる。それを安いところで整備して、誰も飛ばしていないけれど、そこそこの搭乗率が見込める空港や路線を見つけて、ポイント・トゥ・ポイントで結んでいるだけ。1本飛ばせば需要が満たされてしまって、他の会社が参入できないような路線を確保する。

こうして、ポイント・トゥ・ポイントで独占的な状態を生み出せれば、かなりの高収益になる。稼働率がものを言う固定費ビジネスであることには、LCCも変わりないのである。バス事業も、こうした経済構造はほぼ同様。より稼働率の上がる独占的（あるいは競争がきつくない）路線で、効率的な路線ネットワークをつくること、そして固定費水準をできるだけ下げて、売り上げの変動に耐えられるコスト構造をつくることが経営の基本となる。

1％の議論なのか、10％の議論なのか

飛行機の場合は、高価で複雑な機体を飛ばしているので、オペレーションの難度が高いのはよくわかる。特に大手のネットワークキャリアの場合、路線ネットワーク全体としての膨大な便数の運航管理、機材繰りや、イールドマネジメント（稼働率管理）も行わねばならない。ポイント・トゥ・ポイントだけなら、両方の間を飛んでいるだけだから、機材繰り問題も生じない。だが、数多くの路線を飛んでいて、機材も使い回すとなると、オペレーションが複雑になるのは事実だろう。とはいえ、私たちＩＧＰＩが経営するバス会社

も合計で1200台もバスが走っているから、十分複雑。エアラインが他の運送事業に類を見ないような特殊なことをやっているわけではない。

経営分析では、経済メカニズムを分析することが重要。それは、数量的インパクトがどこでどのくらいになるのか、という問題だから、その議論が1％の議論なのか、10％の議論なのかということがクリティカルに大事になる。

たとえば、コスト比でいって、全体の1％のところでいくらスケールメリットを効かせようとしても、屁の突っ張りにもならない。10％のところでやらないと意味がない。

あるいは、10％のコスト比率の費目について、頑張っていろいろな工夫をしたとしても7〜8％までしか下がらないとする。ところが、その費目についての全工程をベトナムに持っていくと要素コストレベルで10分の1になるとすれば、10％が1％まで圧縮される。だとしたら、そのほうがいいという話になる。

現状を改善するためのさまざまな方法がある場合、それぞれの打ち手がそもそも全体の何％の議論で、どれくらいの変化インパクトがあるのかをつねに意識しておかないといけない。

ＪＡＬの場合も、顧客データを使ったマーケティングやら、燃料価格のヘッジの話やら、特殊なリース手法を使ったコスト低減手法やら、業界の専門家しかわからないようなマージナルな議論が多かった。

だが、突き詰めていくと、結局、この会社は人も飛行機も路線も3割方多すぎるというところに行き着く。その部分、すなわち固定費をカットすれば、問題の95％くらいは解決する。そう思って、実際にコストをカットした。そうしたら案の定、東日本大震災が起きても黒字を維持している。

固定費が過剰で、稼働率が下がっていれば儲からないのは当たり前。固定費を下げて、稼働率を上げれば、儲かるのも当たり前。ＪＡＬ再生ではそういう当たり前のことをやったにすぎない。これは厳然たる事実である。

日米の航空産業、儲け方の違い

日本の航空産業は、国内線が安定収益で、国際線は儲かったり儲からなかったりの幅が大きい。儲かるときはかなり儲かるのだが、そうでないときは損失が膨らんでしまう。ハイリスク・ミドルリターンみたいなイメージだ。そのため、基盤収益は国内線で確保している。

ところが、米国は逆だという。有力ＬＣＣのトップ経営者から聞いた話だと、米国の国内線は完全競争市場になっていて、全然儲からない。儲かるのはどちらかというと国際協定で守られているような国際線だということだ。

実は国際線には必ず国際協定がある。たとえば羽田とサンフランシスコに10便飛ばすことになっていたとすると、そのうちの5便は日本、5便は米国と決められてしまう。限られた発着枠に、その2国のエアラインしか入れないから、競争が限定される。そうすると、エアライン同士が協調的な戦略をとれれば、先ほどの独占の話と同じで、価格が維持できる。

米国の航空会社からすると国内線のほうが競争が厳しくて（競争密度が高くて）、マイレージプログラムで高めてきたスイッチングコスト（第3章にて詳しく解説）もＬＣＣの登場によって低下傾向。国内線は完全競争市場に近いから、超過収益がどんどんなくなってしまう。国際線のほうが、国際航空協定というレギュレーション（規制）が作用しているので、競争が厳しくない（競争密度が低い）。国際線のほうが儲かるという構図だ。

日本の場合は、国内の競争密度がさらに低いから、国内線が安定的に儲かる構図になっている。日本国内は実質2社だけ、ハブ空港も1カ所しかない。羽田が唯一のハブ空港のネットワークになっているから、どこに行くにも羽田から飛ばすのが効率がいい。そのほうが稼働率が上がるからだ。だがそうなると、ポイント・トゥ・ポイントで飛ばせる余地は小さい。

地方空港同士を結ぶ国内線の多くが廃止になったのは、羽田が強すぎるからでもある。地理的な面で、ど真ん中に人口規模が圧倒的に大きい東京が存在する限り、この状況はなかなか変わらない。

たとえば、青森から沖縄に直行便を飛ばすよりも、羽田乗り換えで、それぞれ折り返し便にしたほうが稼働率が上がる。さらに言えば、国内の競争密度が低いから、沖縄に行くほうが台湾に行くよりも割高になってしまう。

そうなると、結局、儲かるかどうかは競争密度で決まってくるという話になる。稼働率と路線の競争密度で決まってしまうのだとすれば、マーケティングがどうとか、機内サービスを簡素化するとかの、小手先の議論をしてもしかたない。

国際線はレギュレーションに守られて、国内線でも競争が起きていない日本の航空会社は相当甘やかされてきた。だから高コスト体質になってしまって、苦しんでいる。国内で激しい競争にさらされている米国の航空会社は、ムダを削ぎ落として筋肉質になっているから、同じ条件でも国際線でしっかり儲けることができる。

根本的な問題が未解決のままになる

ただ、日本の航空会社が若干不利なのは、日本の場合は国際線がアジア中心になっていることだ。ＡＳＥＡＮ（東南アジア諸国連合）がまもなく航空自由化になって、アジアの空は米国の国内線みたいな状況になっていくので、人件費の高い日本の航空会社は相当きついはず。ますます国内線頼りになる。

一方で、国内線は新幹線に侵食されていく。それに、これから国内線にもアジアとリンクしたＬＣＣが参入してくる。全日空などが出資するＬＣＣのピーチは、関西国際空港を拠点に札幌や福岡を結び、近い将来、韓国にも飛ばす予定だという。そうなると、国内線とアジア市場の境目があいまいになってくるので、ますます大変になるはずだ。

米国の航空会社は、ヨーロッパ路線や太平洋路線が中心で、相手は先進国が多い。お互いに人件費が高い国同士を結んでいるから、価格競争に巻き込まれにくい。

ところが、アジア圏のように年収１００万円くらいでフライトアテンダントを雇える国と同じ路線で勝負することになると、急速に価格下落圧力にさらされる。製造業でも起きたようなことが起きる。

今のところ、日本の国内線とアジア路線の市場が分離されているから、巻き込まれないで済んでいるが、その境目がなくなると、一気に価格破壊が起きるかもしれない。アジア市場という単位では、日本のローカル空港、あるいは成田や関空を活用したポイント・トゥ・ポイントのLCCモデルもより成立しやすくなる。

そうなると、国内の大手の独占状態だった羽田の発着枠利権の価値は下がってくる可能性もある。さらには、現状でさえ高コスト体質の日本の航空会社は、もっと儲からなくなる可能性が高い。

これは要素コストの問題だ。航空会社のコストの大きなかたまりは、機材費（飛行機の機材と整備、設備投資の償却）、燃料費、人件費の3つ。市場で買ってくるので機材費はそれほど変わらない。燃料費も共通である。すると違いは人件費しかない。そうなると、今度はスケールメリットも何もあったものではない。どんなに規模を大きくしても、10分の1、20分の1の人件費には勝てない。飛行機を飛ばすには、必ず何人かは乗らなければいけないからだ。

こういう本質的な話は、業界のエキスパートからはなかなか出てこない。しがらみもあるし、そもそも問題をあまりに単純化すると、専門家の出る幕がなくなってしまう。それで、マージナルな部分にばかり目が行くのだけれど、それによって数％コストカットできたとしても、根本的な問題は未解決のまま残されるというケースが少なくない。

その業界にどっぷり浸かりすぎている人がはまりやすい罠はそこにある。かえって業界の慣習がガラリとひっくり返るときは、専門外の別のところから人が入ってきたときだったりする。ユニクロが入ってきたときのアパレル産業がそうだった。新規参入組は、本来ならしがらみが多すぎてタッチできない部分にまでタッチしてくるからだ。

ＪＡＬにとって組合問題はタブーだった。しかし、ここにメスを入れない限り、人件費という巨大な固定費について、高コスト体質を改めることはできなかった。しかしタブー領域に突っ込んで生々しく語り、かつ勝負しようとする「専門家」は多くない。いや、インサイダーの彼らにとっても、この問題はタブーだったのかもしれない。

エアラインビジネスに関する経済的な構造分析については、第3章で改めて触れるが、ビジネスを分析するときには、あくまでも経済的なインパクトの大きいところに集中しないと、目立つけれども重要でない事実に目を奪われて、本質を見失うことになる。

IGPI流チェックポイント4

細かい業界専門知識を持つことは、必ずしも経営分析力に直結しない。「結局どうなのか」を知るには、売り上げインパクト、コストインパクトの大きな部分に目を向ける必要がある。

5 ジョブズのいないアップルの今後はどうなる？

利益の源泉はスーパーユーザー的な感性にあった

経営分析では、その企業を取り巻く状況にも目を光らせる必要がある。わかりやすい例が、今や米国を代表する企業となったアップルだ。

2011年10月5日、アップル創業者のスティーブ・ジョブズが亡くなった。10年前、マイクロソフトはすばらしい会社だったかもしれないが、最近はすっかり影が薄くなってしまった。アップルは15年前はダメな会社だったが、現在は株式時価総額でマイクロソフトを大きく引き離し、主役の座を奪い返した。ところが、相変わらずスティーブ・ジョブズの会社のままだった。

ジョブズが立ち上げて、ジョブズによってダメになって、いったん追い出されたけれども、復活して業績を格段に向上させた。iPodやiPhone、iPadを矢継ぎ早に投入して、新しい市場を切り開いたのもジョブズなら、病気を理由にCEOを退任後ひと月あまりでこの世を去って、アップルの将来に暗い影を投げかけたのもジョブズである。こういう会社に一般的な経営分析の指標を当てはめても意味がない。

この話を突き詰めていくと、結局、その企業の利益の源泉はどこなのか、というところに行き着く。後づけで説明すれば、アップルの強さの秘密、価値の源泉は、圧倒的にジョブズのスーパーユーザー的な感性にあった。

要するに、ジョブズは自分が使いたいものをつくっていただけで、周りの人が必死になってそれを実現していく。社長のこだわり、わがままを忠実に実現することが強さの秘訣となっていた。

ジョブズはかつて、自分が連れてきたジョン・スカリーという管理型の経営者によってアップルを追われた。当時、スカリーが高い評価を受けていたのは、それまでルーズにやってきたアップルが、一般的な経営分析指標からすると、わりときちんとした会社になったからだ。ごく一般的な大企業の定規を当てはめて「いい会社になった」というわけで、スカリーの本も売れていた。

だが、アップルの本質はスモールビジネスにある。図体だけは巨大になった今でも、実態としてはスモールビジネスで、カリスマ経営者のワンマンスタイルに変わりはない。結局、ジョブズ次第で業績が上がったり下がったりする状態を最後まで変えることはできなかった。

スカリーのような管理型の経営者であっても、それまでどんぶり勘定で取り損ねてきた利益を絞り出せば、しばらくは食いつなげる。短期的には業績が上がるかもしれない。だが、そこに持続的な収益を生む源泉がないから、やがて枯れてしまう。ジョブズが去ったのち、マッキントッシュというブランドの次が出てこないと、アップルは落ちる一方になってしまった。

一点突破で攻められなくなると……

アップルが真に復活するのは、追い出されたジョブズが戻ってきたことに加えて、インターネットの爆発的普及という環境の変化があったからだ。マイクロソフト帝国の支配が衰えたところに勝負に出ていく余地が生まれた。もしインターネットがなくて、パソコンの閉じた世界だったら、おそらくマイクロソフトの牙城は崩れなかった。

マイクロソフトは、自ら築いた帝国のすみずみまで力を及ぼさないと図体を維持できない。しかし、攻めるアップルは一点突破で、そこに集中すればいい。その結果、帝国の覇権は徐々に侵食されていった。それは後から出てきたアマゾンもグーグルもフェイスブックも同じだ。

ところが、今度はアップルがトップの座に登り詰めた。守勢に回ると、状況が変わってくる。アップルはもともと帝国向きの会社ではないから、あまりに巨大化すると、うまくコントロールできない可能性もある。

まさに状況次第である。その企業が置かれた状況によって、評価する視点や基準を変えていかなければいけない。

伸び盛りの新興企業なのか、安定成長期を迎えた成熟企業なのか、一時の低迷を脱してふたたび成長途上にあるのか、あるいはそのまま衰退してしまうのか。業界トップで守りに入っているのか、中堅どころで攻めているのか。代々続いた老舗企業なのか、カリスマ経営者が率いるワンマン企業なのか。
真実に近づこうと思えば、そうした状況を踏まえて、企業を見ていく必要がある。一般的な経営分析の指標で、教科書的にいいか悪いかという議論をしても、あまり意味がないのだ。

IGPI流チェックポイント5

同じビジネスでも、業界ポジション、成長ステージやスピード、経営者の資質と組織との関係性などによって、企業を見るための〝物差し〟を変えなければいけない。

第2章

リアル経営分析の進め方

6 仮説と検証を繰り返して真実に迫る

強みは弱みになりうる

今起きている現象に対して、どの定規を当てはめるかによって、診断結果が違ってしまうのが経営分析の世界である。

同じ鉄鋼メーカーでも、電炉メーカーに高炉メーカーの定規を当てはめても何もわからない。その企業に最適な定規をテーラーメイドでつくるしかない。

定規の長さやメモリは、四半期で見るのか、1年単位で見るのか、10年後の将来を見据えるのかという時間軸の長さや、その業界・業種のボラティリティ（変動）がどれくらい大きいかによって変わってくる。

ある企業にとっての現在の強みは、裏を返せば、そこがダメになると全体の業績に悪影響が出るポイントでもある。時間軸を長くとると、現在の勝因がそのまま将来のリスク要因ともなりうるので、企業として、次の稼ぎどころを探っていかないと危険である。売れる部分に経営資源を集中する一方で、先行投資型の儲からない部分にも経営資源の一部を

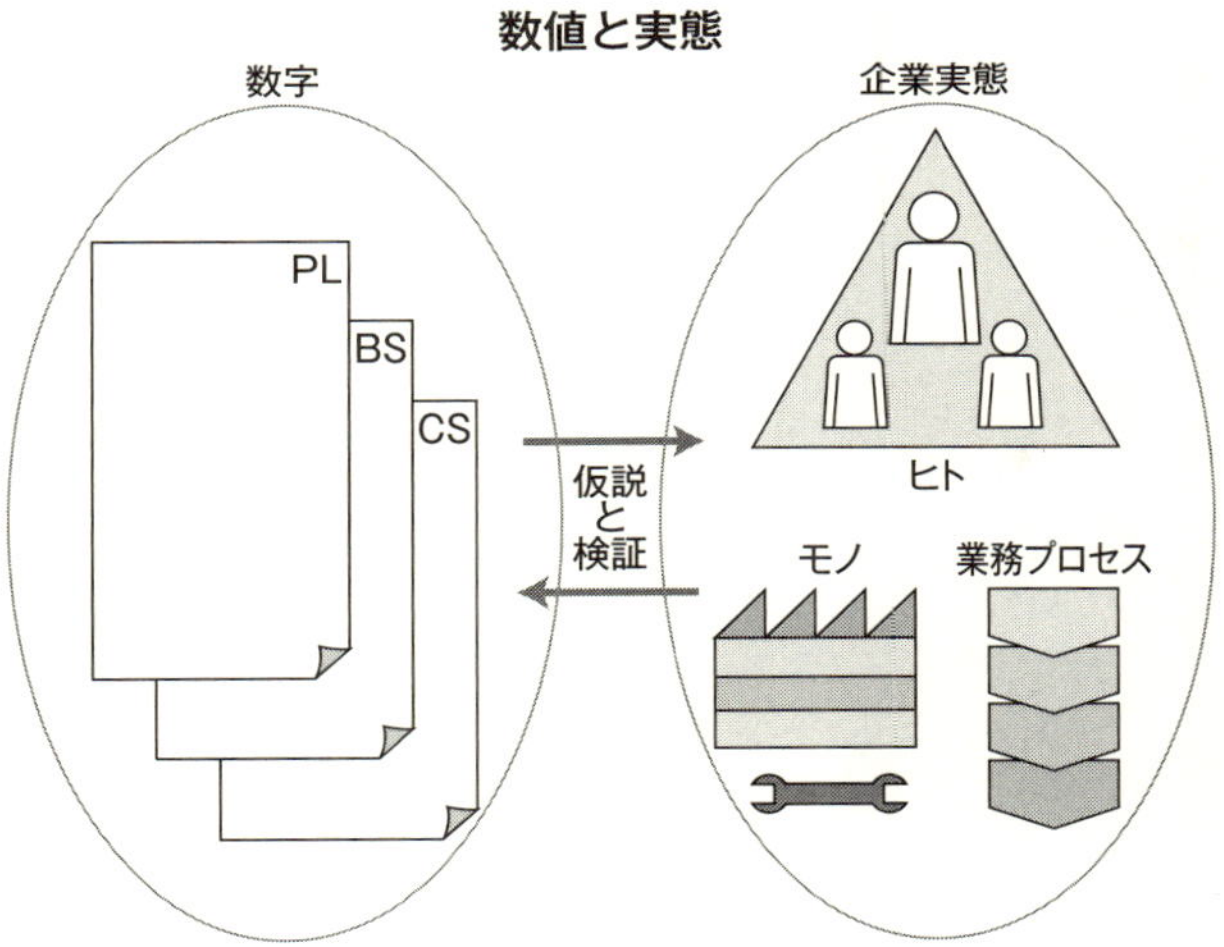

割く。

もちろん、いちばん大事なのは、事業そのものの性格づけである。そこに時間軸や変動幅の異なる定規を当てて、さまざまな可能性やリスクを勘案する。そこまでして初めて経営分析と言える。逆に、そこまでしないと、良いものを悪いと言い、悪いものを良いと言ってしまう危険がある。世の中の経営分析が当たらないのも、それが原因だ。

いくら経営分析が個別企業に合わせたテーラーメイドだといっても、ある種のパターンはある。だから、新しい企業を相手にするときも、自分の中でデジャヴ（既視感）を追いかける状況はつねにある。

といっても、一般的な尺度をつくってそこ

に当てはめるのではなく、自分の中の引き出しからさまざまなシチュエーション、いろいろなパターンの事例を引っ張ってきて組み合わせる。「この部分はA社の事例と同じ」「この部分はB社の話に近い」などと想像力を働かせながら、ストーリーを組み立てていくのである。事業の性格もそうだし、そこに関わる人たちの人間模様もそうである。

典型的な大企業で、東大卒のオンパレードみたいな組織なのか、それとも中小企業で、創業オーナーがカリスマで、後を継いだ二代目が悩んでいるというパターンもある。さまざまなバリエーションがあるので、自分が過去に関わってきた事案をいくつも組み合わせながら、企業実態の仮説をつくっていく。

もちろん、想像するだけではダメで、そこで浮かんだ「仮説」を持って、実際に現場を見に行って検証する。すると、さらに別のデータが見たくなるはずで、データをもとに想像し、仮説を立てて検証する。その繰り返しで、経営の実態を掘り下げていく。

中小企業の背後にあるストーリー

仮説づくりが比較的簡単なのは大企業である。高学歴のエリートがたくさんいるような会社はある種のパターンが当てはまる。入社時にさまざまな試験でフィルタリングをして、比較的同質な人を選んでいるわけで、東大卒のエリートが集まるとだいたいこんな議論になるはずだというのは、容易に想像がつく。

むしろ、中小企業相手のほうが力量がいるかもしれない。特にオーナー企業は仮説を立てるのが難しい。先代の後を継いだのが娘婿で、実権は母親が握っているとか、会社を継いだのは嫡出子ではなくて、愛人の子のほうだとか。無限のバリエーションがあって、企業の実態に近づくのもひと苦労だ。

たとえば、先代の親父さんの顔でつながっている取引先がたくさんあったりする。先代の親父さんが3つの会社の社長と仲良くしていて、その3社から毎年仕事の7割を受注しているという場合、2代目が経営を引き継いだときにその3社との関係をどう維持するかが重要なのであって、それ以外のことは二の次だと言わざるを得ない。

ここで、一般的な経営分析をして、在庫回転率が低いとか、支払いサイトが長すぎるとか言ってもあまり意味はない。一般論としては、そういう数字が良ければいいに決まっているが、それでこの会社が抱えている潜在的な問題——この場合は親父さんが亡くなった後にどうするか——が解決されるわけではない。そこに近づくのが本当の経営分析だ。

そうした数字の背後にあるストーリーをつかまえるためには、想像力が欠かせない。イマジネーションは体験しないと育たない。場数を踏む意味はそこにもある。

企業の経営者は、現場も知っているし、自社の数字も押さえている。にもかかわらず、自分で的確な判断が下せないとしたら、それは経験量の差が原因である。

人間の病気にたとえると、一人の人間がガンになるのは一生に1回か、多くても数回しかない。一度かかってそのまま亡くなってしまう人もいるし、治ったとしても、何十回も復活できるわけではない。その前に寿命が来る。たとえ自分のことであっても、大きな病気にかかった経験はほとんどないから、どうしていいかわからない。

医者は毎日それればかり診ている。だから、経験量がまったく違う。圧倒的な回数を診てきているから、患者に対して的確な診断が下せるのだ。

リアルな経営分析では、数字の背景を見るだけではなく、相手の言い分の背景も見なければいけない。

経営者に直接ヒアリングしても、最初から「私は病気です」と言う人はいない。病気だとわかっているなら医者はいらないし、相手は経営のプロである。自信もあれば、プライドもある。信頼を勝ち取るにはこちらの能力も相当高くないといけないし、こちらの能力がわからないうちは、いきなり本音で話すわけがない。

プロテニスやフィギュアスケートの世界でも、プロのコーチがついている。世界チャンピオンのコーチだったという人なら、最初から教わる姿勢で接してくれるかもしれないが、コーチの実力がわかるまでは、相手を試そうとするはずだ。プロの経営者を相手にした経営分析でも同じである。

ただ、こちらとしても、相手がやたらと強がっているときは、そこに何か問題があって、経営者も悩んでいるというのはわかる。そこは問診の技術、コミュニケーションの技術だから、経験を積めば本音を聞き出す方法も身につくものだ。

IGPI流チェックポイント6

経営分析はまず数字から。数字をもとに背後にある企業実態を想像する。出てきた仮説を現場に足を運んで検証して企業の実像に迫る。その繰り返しで分析の質を高める。

7 PL、BS、CSを使いこなす

PLはイマジネーションのきっかけ

数字の背後にある企業の実態を想像する。そのためのとっかかりとして、PL（損益計算書）はよくできている。フローで見たときの会社の姿を表現するときには、現状ではあれ以上いいものはないはずだ。

PLに出てくるそれぞれの費目の中に、どんな背景が隠されているか、製造原価はどうなっているか、同じ原価でも細かく見ていくと費目がたくさんある。粗利から販管費を引いて営業利益があって、その下に営業外損益があって……。

PLはあくまでイマジネーションのきっかけである。問題は、その数字の後ろにどれだけのドラマを透視できるか。組織の実態や物語を投影しながら数字を見ていく。

1社だけではよくわからないので、似たような業種の複数の企業のPLを比較してみることも大事だ。ただ、その段階ではいい悪いという判断まで踏み込まずに、比較することによって、後ろにあるドラマを具体的に想像することが大切だ。

PL（損益計算書）のひな形

損益計算書

売上高	1,000
売上原価	600
売上総利益	400
販売費及び一般管理費	150
営業利益	250
営業外収益	20
営業外費用	30
経常利益	240
特別利益	10
特別損失	50
税引前（当期）純利益	200
法人税等	90
（当期）純利益	110

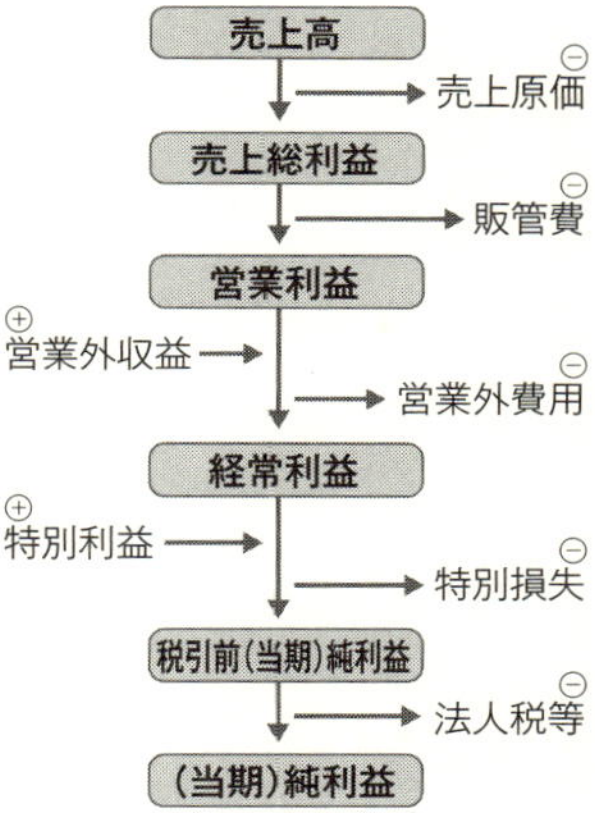

たとえば、日本航空のＰＬの数字を見て、おそらくこの会社ではこういうことが起きているのではないかと仮説を立てる。同じエアラインでも、全日空のＰＬを見れば、別の仮説が成り立つだろう。すると、ＬＣＣならこういうＰＬになるのではないか、米国の航空会社ならこうなるはずだという予測が立つ。そう思って実際に見てみると、仮説が正しい場合もあれば、思っていたのと違うこともある。

そういう作業をすることで、その業種の共通の特性が見えてくるし、その中で、ＪＡＬという会社の特性、すなわち、個別の世界に入ってくる。個々のドラマを洞察する意味で、ＰＬが重要な手がかりであることは間違いない。

3つの表は連動させなければ意味がない

ＰＬを突破口に仮説を立てていくわけだが、次に気をつけないといけないのは、ＰＬとＢＳ（貸借対照表）の関係である。

さまざまなトランザクション（一連の取引行為）のうち、あるものはＰＬに持っていって、あるものはＢＳに持っていく。そこには若干、裁量の余地がある。そのため、ＰＬを正確に読むためには、ＢＳも読めなければいけない。ＰＬ上のある数字が、他社と見比べたときに不自然だと感じた場合、それはもしかすると、ＰＬに記載すべき数字がＢＳに行ってしまっている可能性がある。

あるトランザクションを費用として計上する（ＰＬに記載する）のか、債務として認識する（ＢＳに記載する）のか、解釈の幅があるので、実は同じ行為が両者の間を行き来することは珍しくない。もともとある程度の裁量を認めているので、その中でとてもアグレッシブにやっている会社と、とてもコンサバティブにやっている会社がある。費用に計上すれば、その分利益が圧縮されて税金が安くなる。もちろん制度の範囲内の話だから、そ

BS（貸借対照表）のひな形

貸借対照表

資産の部		**負債の部**	
流動資産	**500**	**流動負債**	**500**
現金・預金	80	支払手形・買掛金	300
受取手形・売掛金	300	短期借入金	200
有価証券	20	**固定負債**	**200**
棚卸資産	100	社債	50
固定資産	**500**	長期借入金	150
有形固定資産	200	**負債合計**	**700**
建物	80	**純資産の部**	
機械	20	**株主資本**	**280**
土地	100	資本金	100
無形固定資産	10	資本剰余金	80
ソフトウェア	10	利益剰余金	100
投資その他の資産	290	**評価・換算差額等**	**20**
投資有価証券	290	**純資産合計**	**300**
資産合計	**1,000**	**負債・純資産合計**	**1,000**

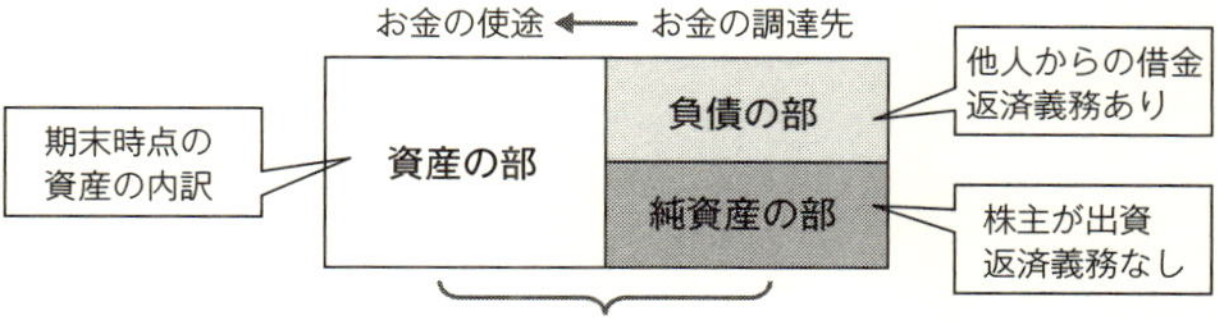

左右の合計は等しい
（左右がバランスするから**バランスシート**）

れ自体は不正経理ではない。

そのようなわけで、PLとBSを別々に見ていても実はあまり意味がない。両者を連動させて、どんな取引がどこに記載されているかをチェックする。PLをベースにしながら、足りないところをBSで確認していくスタイルをとる。

CS（キャッシュフロー計算書）も同じことだ。CSというのは、PLとBS上を行き来しているトランザクションのうち、現金に関わる項目だけを取り出してつくった計算書である。

現金に関わるだけに、いちばんごまかしが利かない。実際に現金の出入りがあって、それは銀行口座の記録に残るから、三表のうちで最も確からしいのはCSである。また、最後は銀行の残高を調べれば実態はつかめるので、数字の嘘を見抜くのが比較的簡単なのもCSなのだ。

しかし、現金だけではすべてを語ることができないから、そもそもPLとBSがあるわけで、この3つを関連づけて見ることが肝要だ。

ちなみに、現金収支だけを追うのは単式簿記の世界で、複式簿記ができて初めてPLやBSが登場する。単式簿記というのは江戸時代の大福帳と同じで、現金の出入りをそのま

CS（キャッシュフロー計算書）のひな形

キャッシュフロー計算書

営業活動によるキャッシュフロー		
税引前当期純利益		
減価償却費		
⋮		
法人税等の支払額		
営業活動によるキャッシュフロー	**200**	
投資活動によるキャッシュフロー		
固定資産の取得による支出		
固定資産の売却による収入		
投資有価証券の取得による支出		
⋮		
投資活動によるキャッシュフロー	**△80**	
財務活動によるキャッシュフロー		
短期借入金の純増減額		
長期借入れによる収入		
社債の発行による収入		
⋮		
財務活動によるキャッシュフロー	**△50**	
現金及び現金同等物の増減額	**70**	…(D)＝(A)＋(B)＋(C)
現金及び現金同等物の期首残高	**400**	…(E)
現金及び現金同等物の期末残高	**470**	…(F)＝(D)＋(E)

営業活動による現金収支…(A)

フリーキャッシュフロー＝(A)＋(B)

投資活動による現金収支…(B)

財務活動による現金収支…(C)

ま一列で記入する。
産業再生機構のCOO（最高執行責任者）をしていたとき、ある年、なぜうちの会社に1兆円もの収入があるのだろうと思ったら、決算書が2種類あった。政府が管理するための大福帳モードの決算書と、民間企業と同じ複式簿記による決算書があって、大福帳モードのほうでは借り入れが全部収入に立っていた。現金の出入りしか管理できない単式簿記では当然そうなるのだが、やはりPL、BS、CSの3つがあることが偉大で、この三表を関連づけながら深く読み込んでいくと、かなりいろいろなことが見えてくる。

IGPI流チェックポイント7

PLを突破口に企業実態を思い描き、BSで確認し、最後はウソのないCSでチェックする。

8 簿記はすべての基本

不自然さに気づく感性の磨き方

財務三表を頭で読んでいるうちはダメで、慣れてくると、全体を景色として眺められるようになる。大局的に見て、この景色は何か変だなとか、この景色はいい景色だなとか、そういう直感が働くようになると、分析のスピードも上がる。

よく2枚の絵を並べてどこが違うか、間違い探しのゲームがあるが、あのイメージだ。自分が思い描いたストーリーに照らして、どこか不自然なところがある。なぜこの数字はこんな値になっているのか、という疑問が浮かんだら、そこをきっかけに掘り下げていく。

このあたりの話は、知識というよりも訓練である。何度も何度も、もう嫌になるくらいPL、BS、CSとにらめっこして、仮説を立てて、検証してということを繰り返ししか身につける方法はない。

さらに言うなら、自分の手を動かして、簿記のレベルから財務諸表をつくる訓練を行い、さらに、三表連動のモデルをつくると理解が早まる。

筆者自身の経験でもあるが、昔からスタンフォードのような一流のビジネススクール、いや一流校だからこそ、必修で嫌というほど簿記の穴埋め問題を解かされ、それが終わると三表連動のスプレッドシートを自分でつくって電卓で計算をやらされる。昔はエクセルなどなかった。あまりにも大変なので、ハーバード・ビジネス・スクールでVisiCalc（ビジカルク）という表計算ソフトが発明され、それが後にロータス１２３につながって、今ではエクセルのフォーマットがあるから、簡単に三表連動モデルをつくることができる。

この訓練を繰り返すうちに、この数字をいじると、ここと ここに影響が出るという相関関係がわかるようになり、不自然なものを見て不自然だと気づく感性が養われる。三表が連動して、ひとつの絵として成り立つのだ。

それが美しい絵なのか、あるいは、絵としては調和がとれていても、青い絵なのか赤い絵なのか、ハッピーなのか悲しい絵なのかという違いがある。そういう図柄として、三表が見えるかどうかが重要である。

ときには粉飾まがいのことをやっているので、そういうときは絵が不自然になっている。そういうことがあるので、とにかくたくさん見て分析することと、できれば自分でモデルをつくって決算書の動きを体感しておく。

訓練を積んでおけば、なぜこんなに現金があるのだろうとか、BSのほうは在庫が減って資産を圧縮しているように見えるのに、一方で、妙に借り入れが増えているということはなぜだろうと考え始める。「なぜ」という疑問が浮かんでくることが重要だ。

複式簿記をわかっていない人が多い

基本をないがしろにしてはいけない。そもそもPLとBSの違いがわかっていない人が多いのが現実だ。

政治家も、BSの意味を取り違えている人が少なくない。何かあると、すぐに「内部留保を吐き出せ」と言う人がいるが、BSの右側だから吐き出しようがない。BSの右側は、どこからお金を調達したかを書いてあるだけで、すでに調達したお金は左側の資産に形を変えているわけで、使った結果が左側の資産となって並んでいる。

あるいは、霞が関埋蔵金の話で、毎回「準備金を取り崩せ」と言う人がいる。だが、複式簿記を習ったことのある人なら誰でも知っているように、準備金というのは本当にお金があるわけではない。準備金を取り崩したら、その分、借り入れで置き換えないといけない。同様に、退職金の引当金も、別にお金があるわけではない。そういう初歩的なことがわかっていない人が多すぎる。

私たちは、小学校から複式簿記を教えるべきだと思っている。だが、現実には、複式簿記がわからなくても司法試験は受かるし、公務員試験も受かる。経済学者でさえ、わかっていない人がいる。

マスコミの追及がときに的外れなのは、彼らもあまりわかっていないからだ。新聞の経済部の記者なら、最初に簿記を叩き込めばいいのに、そういう勉強はしない。

PL、BSをきちんと理解するためには、ある程度、簿記の訓練をしておいたほうがいい。筆者はビジネススクールで仕訳をさんざんやらされた。機械的にひたすら仕訳して、それをPL、BSに持っていくような地味なトレーニングをやらされて、当時は、大学院まで来てなんでこんなことをしなければいけないんだと思ったけれども、今振り返れば、やっておいてよかったと心底思う。そこまでやって初めてPLとBSの意味が体感的にわかったからだ。

IGPI流チェックポイント8

簿記は必ずやっておくべき。現場で使える経営分析の能力は、しっかりした簿記の土台の上に築かれる。

9 基礎的な訓練の後は、ひたすら現場で経験を積む

計画をつくるのがアダになることも

経営分析はケース・バイ・ケースで結論が変わるので、経験値がものを言う世界でもある。

もちろん、決算書の見方など、一般的な知識を身につけておくことは大前提で、経営分析の本も読まないよりは読んだほうがいい。だが、そこに答えが書いてあるわけではない。自分なりに考えるときのヒントであったり、きっかけであったり、ある種の補助器具にすぎない。

いちばん大事なことは、現場を見て、それと数字を突き合わせること。目の前で起きているドラマと、経営上の数字。この両方が必要で、それを突き合わせる力を身につけるには経験を積むしかない。

個別企業の実態に即して見立てると同時に、見立て違いというのも当然ある。それも含めて経験だ。自分はあのときこう思ったけれども、結果的には違った。そういう経験を積み重ねて見立ての精度を上げていく。

世の中の経営は、教科書に書いてある通りには運ばない。たとえば、予算管理をきちんとして、計画をつくったほうがいいというのが一般解。ところが、業績が相場や市況に極端に左右されるような業種では、相場や市況が厳しいときは、無理して動かず、何もしないほうがいい。

先ほどの電炉メーカーがまさにそうで、仕入れサイドにくず鉄の相場があって、供給サイドに棒鋼の相場がある。両方が連動して動いてくれれば自分の取り分は変わらないが、現実にはそうではないから、ときには逆ざやになることがある。そういうときは、何もしないほうがいい。手仕舞いして傍観しているほうが経営的にはいいのだ。

ところが、うかつに計画をつくって投資家向けに説明していたりすると、「市況が悪いので2カ月休業します」みたいなことができなくなってしまう。計画をつくることがかえってアダになることもある。

えらそうなことを言っても、結局相場次第という商売は少なくない。仕入れ価格がものすごく上下する会社は、みんなそういう要素を持っている。

教科書に「経営管理はこうやりましょう」と書いてあっても、その通りにやることが必ずしも正しいとは限らないということだ。

その数字から企業小説を書けるのか

同業他社との比較と同じように、過去の数字との比較には意味がある。ただ、どこまでさかのぼって見るかはケース・バイ・ケースで、必要な分だけさかのぼるとしか言えない。

たとえば、東日本大震災が起きた2011年1～3月期の数字は、来期以降の比較対象にはならない可能性が高い。つねに意味づけが問題なので、さかのぼる必要があればさかのぼるし、意味がないと思えばさかのぼらない。過去何期分を見ろというふうにルール化することはできない。一般的な答えはないのである。

教科書には原理原則が書いてある。それは間違ってはいないし、必要なことだから、きちんと読んでおく必要がある。だが、それですべてではない。あとは自分自身で実地で身につけていくものである。

前年比、前々年比が大事なのは、トレンドを押さえておかないと、今何が起きつつあるのかが傾向として見えてこないからだ。物事を立体的に見るために、過去との比較はもちろん必要だ。

だが、そうした数字はあくまで過去のものだから、今この瞬間に何が起きているのか、これから先、何が起きるのかを知るための材料にすぎない。現実の経営は日々ダイナミックに動いているから、過去の数字を静的に押さえるだけでは意味がない。

要するに、その数字から、あなたはこの会社をめぐる企業小説を書けるのか、ということだ。経済学（数字の物語）と社会学（人間の物語）がクロスオーバーする立体構造の筋立てで。しかも、ただ過去をトレースするのではなく、近未来のストーリーまで思い浮かべられるかどうか。経営分析の真の目的はそこにある。

もし、そのストーリーが正しいのだとすれば、経済メカニズムに基づいて予測が展開されているわけだから、この先、生き残れるのか、あるいはダメなのか、悪いように見えて、実は最悪期は脱していて、病状は快方に向かっているのか、そういうことは、ある程度想像がつくはずである。

自分がその企業の経営者なら、当然そういう筋書きを持って経営しているはずで、当事者意識を持てるかどうかにかかっている。

IGPI流チェックポイント9

世の中は教科書通りには運ばない。本当の観察力、想像力は経験を積むことでしか培われない。そして、その学習スピードは、数字と人間の両方に対する「好奇心」次第。

10　分析力は改革力

タイミングを見定める

外資系企業への市場開放や、後発企業の果敢なチャレンジなど、外部からの新規参入組のインパクトが業界を変えることはよくある。だが、内部から自発的に変えていくのは非常な困難を伴う。

企業内部で危機意識が共有されていないと、まだ大丈夫だろうと高を括っている人たちの動きは鈍く、既得権益を持った人たちが足を引っ張ったりする。

内部変革が可能なのは、よほど変革を望んでいる経営者がいるか、改革志向の青年将校みたいな人たちがいるか、という受け入れ側の条件がひとつ。さらに、外部から新しいフレームワークを持ち込んでくるような人材が機能するかどうかである。

外部の戦略コンサルタントや投資ファンド、金融機関の人間が入ってきたとしても、単に頭が良くて、先を見通す力があるというだけでは、決して状況は変わらない。受け入れ側に保守反動の嵐が吹き荒れているときに改革案を持ち込んでも通じない。

経営陣の改革への意欲とタイミング。それがピタリと一致しないと、いくら正しい診断力があって、正しい処方箋を書く力があったとしても、外部の人間にできることは限られている。

スイートスポットに玉を放り込むために

小泉政権の時代に、日本経済は改革に向けてゴロリと動いた。重りが動いて、シーソーが少し浮いた状態までは来たのだが、またバターンと戻ってしまった。シーソーは真ん中を超えないとひっくり返らないのだ。これはかりは大きな時代の流れがあって、それに逆らってもムリがある。

東日本大震災を機に、ふたたび日本経済が改革路線を進み始めれば、またシーソーが良いほうに倒れるチャンスが訪れるかもしれない。そこでシーソーが後戻りしないところまで、一気に改革を推し進められなければ、日本経済全体に、カネボウやＪＡＬが辿った道が待っている。

現実に会社や組織を変えていくには、そうした大きな流れも含めて、最適なタイミングで、スイートスポットに玉を放り込まないと、変わらない。早すぎても遅すぎても、改革は現実化しないのだ。そうしたタイミングを見極めるためにも、会社の実態、事業の現実を正確に把握していることが必要になる。経営改革者たる者、情熱や志の前に、まずはクールでリアルな経営分析力を持っていなければ、革命は絶対に成功しない。

IGPI流チェックポイント10

戦争に勝つのはより多くの情報を持っている者。経営改革という戦争の勝者になりたかった

ら、経営分析力を磨け。

11 真剣勝負をどれだけこなしたかで実力が決まる

何月何日が資金ショートの危機なのか

企業再生の現場では、最初にその企業を支援するかどうかを見極めなければ始まらない。その段階で見誤って、支援に失敗すると、自分たちの投資資金が焦げつくから、真剣さの度合いが違う。また、支援される側も自分たちの今後の生活がかかっているから真剣そのものだ。

コンサルタントや投資家として企業再生に関わる場合、私たちIGPIは最初、診断する立場で入るのだが、診断が出て治療する立場になると、立場が完全に入れ替わって、今度は社員から批判される側になる。三表を自分でプランニングして、それを管理していく立場になると、既得権益を持った社員から相当きついプレッシャーを受ける。叩かれるし、メチャメチャ突っ込まれる。そういう真剣勝負を5社も経験すると、力がつくのは当然だ。

真剣勝負の世界では、現金管理はキャッシュフロー計算書（ＣＳ）というよりも資金繰り表に近くなる。たとえば、ある企業の手持ち現金が平均でおよそ2カ月分あるとする。資金繰りがいちばん厳しいのは12月末と3月末だというとき、ふつうの経営分析のレベルでやっている人たちは、計画によると12月の月間平均で約3週間分、3月は2週間分の現金があるから大丈夫、という分析をしてしまう。

だが、本当にそれで大丈夫なのか。もう一度、日繰りで計算し直してみると、3月25日に給料を払って資金ショートを起こすことがわかったりする。そもそも資金がショートするかどうかは平均の議論とは関係ない。ボトムの議論をしなければいけないわけで、25日にショートしてしまったら、いくら平均2週間分の手持ち現金があったとしても意味がない。ショートした日に会社は破産消滅である。

そういうギリギリの局面で、もう一度数字を見直していくことで、本当の意味が見えてくる。最悪の場合、何月何日がこの会社の資金繰りの危機なのか。まずそこを把握する。そのうえで、その日にどうやって資金を確保しておくかを考えておく。

リアルな想像ができるか

もともと一般向けの決算書には、そこまでの情報は記載されていない。

3月計画の資金繰り表に「手持ち現金2週間分」という記載を見つけたときに、「この計画でいくと、月末まで資金が持たないかもしれないな」と想像がつくかどうかの世界である。あるいは、毎年の資金残高と、毎年の第4四半期の営業収益が厳しいという結果が出ているとすれば、このままいってしまったら、来期は持たないかもしれない、ということが見えてくる。

自分が経営者の立場になって決算書を眺めて、過去の数字の推移からそういうリアルな想像ができるかどうかが重要だ。

生きるか死ぬかというシビアな状況で決算書と対峙するという経験があるに越したことはないが、一般のビジネスパーソンでそこまでの真剣勝負を経験するチャンスはなかなかない。

融資審査で企業の決算書を見る機会が圧倒的に多い銀行の人間でも、そこまで深くコミットしてガチンコ勝負することはめったにない。あまりに深入りしすぎると貸し手責任を問われてしまう可能性があるから、多少危ないと思っても、見て見ぬふりをすることもあるだろう。知ってしまった以上は責任が生じるので、あえて一般的な経営分析のレベルでとどめている場合もあるかもしれない。

IGPI流チェックポイント11

当事者意識を持たずにいくら決算書を眺めても、付け焼き刃の知識しか身につかない。経営の修羅場、ガチンコ勝負に飛び込め。

12 会計の有用性と限界を知ること

財務三表は最高の発明のひとつ

会社や事業が何らかの病理に陥っているとき、経営者自身が病気の兆候にまったく気づいていないということはほとんどない。病気のときと同じで、最近胃の調子が悪いとか、動悸がするとか、階段でしょっちゅうつまずくとか、何らかの自覚症状はあるものだ。

ただ、たとえば前のめりになりがちな会社について、その会社のクセとして、前のめりに転ぶのはしかたないと思っているのか、それとも、老化現象で単に筋力が衰えて足が上がらなくなっているのか、あるいは、自分では足を動かしているつもりでもうまくコントロールができないパーキンソン病のような病気が隠れているのか、それは本人には判断がつかないので、第三者に診断してもらう必要がある。それをやっているのが我々の仕事である。

筋力が衰えているだけなら、もう一回、足を動かして体力をつけましょうという話で済むが、もっと重大な疾患が隠れていたときは、そこを集中的に治療しなければいけない。それをしないと、この会社の余命は3年です、といった話になる。

どんな立場の人であれ、その会社の経営分析をするときには、掘り下げるところは掘り下げないと、表面をさらっただけでは見えてこないものがある。とはいえ、何が正しいかを決めるのは難しい。

その意味では、生物としてのヒトのほうが単純かもしれない。DNAのバラツキが小さい分、ヒトを対象とした医学は類型化しやすい。

ところが、企業体の複雑さや多様さは、個々のヒトのレベルをはるかに超えている。自然界で言えば、単細胞生物から多細胞生物、魚とイヌとヒトがいるような世界で、それをひとつの体系にまとめあげようというのだから、学問領域としては広すぎてなかなか一般化できないところがある。

企業体というのは、上は社員が何十万人もいて、国家予算並みのお金を操る巨大企業から、下は一人で経営している企業まで、非常にバラエティに富んでいる。霊長類の中でも最も高等なヒトと、アメーバのような単細胞生物を同じ土俵で比較するようなもので、やはり相当ムリがある。科学的に体系化するのは難しいから、経営分析の入り口としては、かなり強引に最大公約数的な共通因子で括らざるを得ない。

それがPL、BS、CSの財務三表だと考えれば、そうした厳しい制約がある中で、この三表の出来は相当いい線をいっている。

国際会計基準の落とし穴

逆に言うと、何十万人、何十兆円の企業から一人企業までを同じシートで表現しているわけだから、何でもそこに押し込もうとすると、かえって複雑怪奇なものになってしまって、一般的な感覚から遊離していってしまう。最近の国際会計基準（ＩＦＲＳ）の議論は制度破綻の危機に陥っているのではないかとさえ思う。

これだけ多種多様な企業体を、世界共通のたったひとつのルールで、かつ、すべての投資家にきわめてわかりやすいように表現するというのは、要求水準が高すぎるのではないか。わかりやすくするつもりが、かえって複雑で誰もわからない状況になってしまっている気がしてならない。

個人的には、国際会計基準の共通ルール化はある程度のところで諦めて、そこから先は投資家が自分の責任で読みなさい、ということでいいと考えている。それすらやらないのであれば、運用は投資のプロにまかせて、自分で個別銘柄の株を買うのをやめればいい。

財務三表に万人向けのわかりやすい説明を盛り込まなくても、アナリストがしっかり見ればいいのであって、プロの読解力に期待したほうがはるかに効率がいい。そもそも世界中の投資家が同じレベルで理解できるなんてあり得ない。それができるというのは、学者や市場関係者の思い上がりにすぎない。

これからのビジネスパーソンは、みんな会計リテラシーを上げて、決算書を読めなければいけないという論調があるが、私はそんな簡単なものではないと思う。ただでさえ複雑な企業体の中身が、そんな一般的な指標だけでわかるようなら、誰も苦労はしない。生物としてのヒトについてだって、わかっていることは限られている。個体レベルでさえそうなのに、企業のように集団で動いているような組織について、そんな簡単にわかるわけがない。

わからないながらも、想像力を働かせて正解をたぐり寄せるというのは、プロの領域である。一般のビジネスパーソンがどこまでプロの領域に近づけるのか。

道具の奴隷になってはいけない

経営者的な視点が必要なのは間違いない。自分の会社が生きるか死ぬかの状況で財務三表を穴の開くほど見つめるとか、自分でモデルをつくって財務三表から出てきた数字の条件を変えたらどうなるかというシミュレーションをアナリストたちはやっている。はたして一般の投資家がそこまでやる必要があるのか疑問である。プロにまかせたほうがいいのではないだろうか。

たとえば戦略コンサルタントの仕事では、通常、PLの営業利益までしか扱わない。その下の特別損益には原則的に関わらない。この場合の戦略とは、財務戦略ではなく、事業戦略のことだからだ。

一般的に、BSと深く関わるのは営業利益の後、営業外収益と営業外費用、特別利益と特別損失の部分だが、その手前までが戦略コンサルタントの受け持ち範囲で、経常利益や最終利益にはタッチしない。その意味でも、筆者にとってビジネススクールで簿記をやらされた経験、さらには自分の会社の経営で、穴が開くほど財務三表を見つめざるを得なくなった経験は貴重だった。

もちろん金融機関の仕事をするときは、金融はBSから利益を生み出す仕組みなので、BSのことも当然視野に入ってくるのだが、戦略コンサルタントという超プロフェッショナルな世界でさえ、ほとんどの場合はPLを中心に事業を見ているにすぎない。

リストラをやって、退職金を払うと、日本の場合は特別損失にカウントされる。ところが、米国ではリストラのときの退職金はもともと営業費用にカウントされる。日本のように10年、20年に1回しかやらなければ特別損失と言えるかもしれないが、米国では頻繁に人員整理が行われるので、何ら特別なことではないからだ。これを一律に揃えることは、かえって誤解を招く。

国際会計基準では、PLの代わりに包括利益計算書を導入するという。従来のPLで営業利益の下、特別損益に分類されていた固定資産売却益やリストラ費用などが営業利益の上にくる。そうすると、利益が減ってしまうことになるので、何とか営業利益に影響しない方法はないかと考える人が出てくる。

たとえば退職金ではなく、年金で払うことにすれば、ＰＬから姿を消してＢＳのほうに記載されることになる。今すぐ費用計上しないという知恵を働かせる人が出てこないとも限らない。

このように会計制度も財務三表も万能ではない。だが、簿記会計が、人類史上、最高の発明のひとつであることも間違いない。現状でこれ以上に便利な道具はないのだから、本質を理解し、限界を認識しつつ、上手に使いこなすことが重要。制度や手法といった道具の奴隷になってはいけないのである。

IGPI流チェックポイント12

たかが会計、されど会計。せっかくの人類空前の発明品は都合よく使いこなすべし。

第3章

生き残る会社と消え去る会社

〈実例に学ぶ分析枠組み編〉

13 経営分析を始めるとき、まず持つべき目的意識とは？

聞いてみれば当たり前の話

第1章で「企業は経済的に帳尻が合わないことをしていると、いつかは潰れてしまう。だから、経済的に帳尻が合う構造になっているのかいないのかを知らなければいけない」という話をした。経済的に帳尻が合う構造を維持し続け、上手に儲けを出している会社は、経験則的に、勝ちパターンを押さえて商売をしているものだ。

さらに突っ込んで言うと、価格（売り上げ）よりもコストが小さくコントロールできている状態が持続できる商売の構造を、ほぼ間違いなく持っている。

この勝ちパターンは、まず何よりも事業のコスト構造によって決まっていく。価格や売り上げは、他社との競争や顧客のふところ具合に左右される。すなわち相手のいる話だが、コストはひとまず自分でコントロールできる問題だからだ。

事業のコスト構造という聞き慣れない言葉を聞くと何だかややこしい話のように聞こえるが、これも難しい話ではなく、聞いてみれば当たり前の話が多い。

たとえば、1億円の売り上げを増やすのに、1億円のコストがかかる方法A、5000万円のコストがかかる方法Bと、3000万円のコストがかかる方法Cがあるとする。どれを選ぶかと言われれば、当然、方法Cを選ぶ。この方法Cを選んでいくのが勝ちパターン。方法Cがあるのに方法Aを選ぶといった経済原則から外れた方法を選んで努力をしても、経営は苦しくなっていく、という当たり前の話である。

一見良さそうでも実は泥沼の打ち手

ただ、実際の事業では、ここまで単純な算式は眼の前に表れてこない。事業によって、人、モノで構成する要素が異なる（事業の構造が異なる）からである。売り上げを増やすには、どの要素（コスト）が増えるのか、という因果関係を理解しなければ、方法A～Cのようには、単純な意思決定はできない。

そのため、経営分析では、個々の数字の意味を検討する前に、事業のメカニズムを把握し、そのメカニズムをコストに置き換え、儲けのメカニズムとして読み解くことが何よりも重要である。

事業のメカニズムは、業種、業態によって違いがあるので、いわゆる経営分析で数量的なものを見るときは、経済的な性格づけを見なければいけない。事業の経済的な構造をインダストリー・エコノミクス、事業経済性と言う。これがわかれば、単なる流行り廃りを超えたその企業の儲けの仕組みが見えてくる。

そもそも儲かる仕組みになっていなければ、事業として成り立たないし、利益を高めようというときも、儲かる仕組みを理解していなければ、一見良さそうでも実は泥沼の打ち手ということを選択しかねない。

たとえば、北海道でチェーン展開しているラーメンチェーンが利益を増やすために、本州東京・渋谷に初出店をしようという話があるとする。これは良い打ち手であるかどうか、判断をしていくには、その会社のPLの数字を眺めただけでは判断がつかないが、その事業のメカニズムとコストの関係を理解・想像できると、ある程度判断がつくようになる。

IGPI流チェックポイント13

経営分析の目的は、まずは勝つためのルール（儲けの仕組み）を理解すること。経済原則、特にコストを支配する法則が何かは必ず押さえるべし。

14 規模が効くか効かないか

購買を一本化しても不経済に

経営分析の議論をしていると、よく「ここは規模が効きます」と言う人がいる。「規模が効くか効かないか」というのは、事業経済性を見るときのキーワードのひとつ。規模の経済が働くかどうかは、ある法則性に則っている。

規模というのはあいまいな概念で、気をつけなければいけない。初心者から中級者くらいでも、わりと簡単に「これは規模が効きますから」と言ってしまう。

だが、「規模が効く」というのは、2つの要件を満たす必要がある。あるコスト費目について、売り上げが大きくなっても、お客の数が増えても、品数が増えても、さほどコストが増えない費目（共有コスト）がある場合。なおかつ、それが全体の事業コスト構成比の中でかなり大きな割合を占めている場合である。

どれだけ量が増えようが、お客が増えようが、品種が増えようが、ほぼ不変のコスト（共有コスト）が大きな割合を占めていれば、増えれば増えるだけコスト効率が良くなる。

規模の経済が働くのは、この共有コストが厚い場合に限られるから、緻密に分析をしておく必要がある。

ある会社が5ユニットの製品を売っていたとする。ユニットに関連してかかるコストを固有コスト、ユニットを増加（売り上げ増）しても、さほど変わらないコストを共有コストとして、5ユニットの製品を売っている場合のコスト構造を、次ページ図の左側に図示している。さらにこの会社が10ユニット売ることができた場合が図の右側である。

見てもらえればわかる通り、共有コストの絶対額（長方形の大きさ）はさほど変わらないが、ユニットあたりの共有コストは減り、平均コストが下がっている。これが規模効果である。この図では、共有コストが比較的厚みがあるが、それが薄かった場合には、当然、規模効果は小さい。

よく誤解されているのだが、ただ漫然と増やせば規模が効くなどということは絶対にない。

組織が大きくなり、商品数、顧客数、拠点数が増えると、調整コストが余計にかかり、ほとんどの場合、むしろ「規模の不経済」が働く。経済学で言う費用逓増法則が働くので、規模効果（スケールメリット）が得られるケースはそれほど多くない。

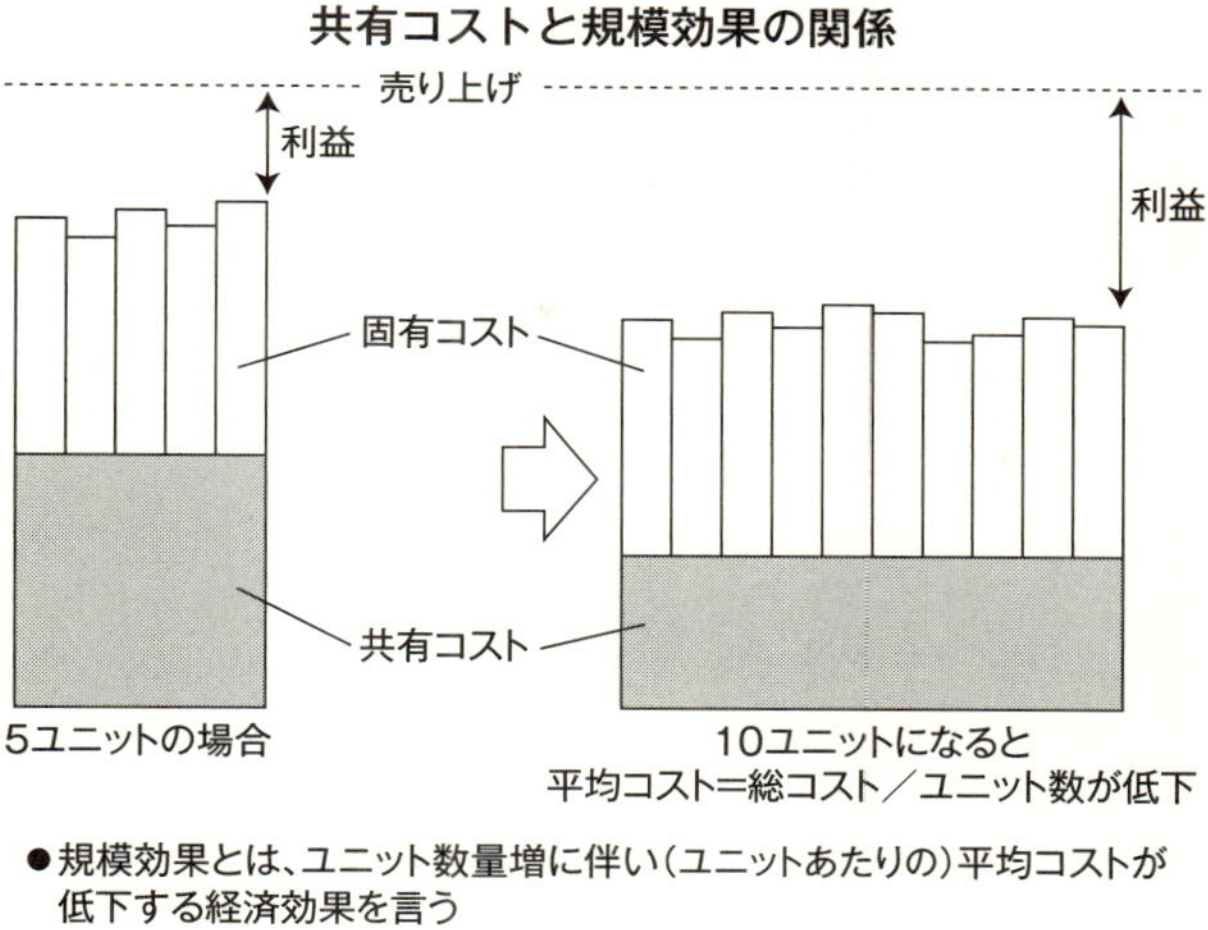

たとえば、事業部ごとに行っていた購買を一本化すれば、スケールメリットが得られると誰もが考えがちである。だが、まとめて買えば、本当に安くなるのか。一本化すると、交渉によって購入単価は下がるかもしれないが、社内に調整コストが発生する。ある場所でまとめて買ってしまうわけだから、それを社内で二次流通させなければいけなくなる。そのための追加コストが発生するし、在庫リスクも抱えなければいけない。

そもそも事業部ごとに別々に購入していたのは、物流上の理由とか、ものによっては単純なコモディティではなく、それでなければならない理由があったのかもしれない。それを一本化することで、使い勝手や質が違ってきてしまう可能性すらある。

あるいは、商習慣上の問題で、この部分はバルクで全部まとめて買って問題なくても、別の部門でやっている仕事は似て非なるもので、少量ずつ多頻度で持ってきてくれないと困るという工程があるかもしれない。

同じ材料を買っていたとしても、集中購買することによって、社内調整が発生する。目に見えない規模の不経済が働く可能性がある。ということは、集中購買で規模の経済を出そうと思ったら、その部分のすり合わせを事前にやっておかないと、かえって不経済になってしまう。

LCCは規模が小さくても儲かる

規模の経済と言いながら、実は稼働率の議論をしている人も少なくない。商業ビルは土地代や建設コストといった固定費の割合が大きい。いったんビルを保有してしまえば、テナントを追加することによるコスト増は少ないから、テナントが入れば入るほど儲けが大きくなる。

ところが、商業ビルを1棟持っている人と、100棟持っている人のどちらがいいかというと、100棟とは限らない。抜群にいい立地のビル1棟のほうが利益率は高い。ビルというのは立地商売だから、単純に数が増えたからといって、全体としての規模の経済は働かない。

ビル1棟だけの経済性の議論をしているなら、それは稼働率が高いほうがいい。費用の大半はテナント数によらない共有コストだから、売り上げが多ければ多いほど利益が大きくなる。そのほうがいいに決まっているのだが、それをもって、このビジネスは規模が効くというのは誤解である。たくさんビルを買えばいいわけではなくて、稼働率の高い立地のいいビルを何棟持っているかが問題なのである。

航空会社も同じである。エアラインは規模が効くと言われるが、飛行機というのは搭乗客数によっては変化しない固定費のかたまりなので、どれだけ乗るかで儲けは決まる。つまり、基本的には稼働率の話なのだ。あれだけ巨大な航空会社に囲まれても、規模の小さい格安航空会社（LCC）が成り立っているのは、高い稼働率で飛ばすことができれば儲かるからである。

一方、巨大な航空会社は大きくなっていく過程でハブ&スポークという方法を編み出して、ネットワークの経済理論を持ち込んできた。全体のネットワークのデザインを上手にやることで、結果として、飛行機材の平均稼働率を上げようということを狙っている。だが、利用者の利便性は犠牲になっている。米国東海岸から西海岸への直行便は意外と少なくて、ハブ空港で乗り換える必要があったりする。

ハブ&スポークというのは、図体が大きくなっても規模の不経済ができるだけ働かないための仕組みである。本来は、採算の合う路線を独占的に飛ばすのがいちばん効率的で、LCCはハブ&スポークの裏をかいて、そういう路線だけを飛ばしているから安くても儲かるのだ。だが、LCCも漫然と大きくなると、規模の不経済の罠にはまることになる。

市場の拡大があまり望めない成熟産業では、規模を拡大してコストを下げるという議論になりがちだが、規模の経済が働くためには共有コストの厚みが必要となる。合併して規模を大きくすればすべて解決するほど単純な話ではない。

高炉メーカーの世界フルカバーは正しいのか

一見、規模が勝敗を決めるように見えながら、実はそうならないビジネスとして、貸しビル事業やエアラインなどの運輸ビジネスの話を前に挙げた。この手のビジネスは、費用の大部分が設備償却費や運航乗務員といった固定費である。だから、ひとつのビルの単位、ひとつの飛行機やトラックの単位では、稼働率が高まり、売上高が増えれば、その範囲で狭義の規模の経済は働いて、コスト効率は高まり、利益率は劇的に向上する。

要は、規模の経済の大半が、その1台の範囲で働くのである。そのために、企業全体の規模、事業全体の規模よりも、個々のビルやトラックといった、設備単位ごとの稼働率のほうがものを言う「稼働率ビジネス」になってしまうのだ。この稼働率ビジネスを、より大きな経営単位でもコストを共有し規模の経済を享受できるようにするには、さまざまな工夫や投資が必要となってくる。

実は規模の経済に関わる問題を考えるときに、どのコスト要素でどのくらい強く規模が効くのかという視点に加え、それがどこまでの範囲で効き続けるのか、という視点が、分析上、きわめて重要となる。

前に規模型ビジネスの典型例として、高炉型の鉄鋼産業を挙げたが、世界スケールでどこまでも単純に規模を追いかけることが絶対に正しいか、となると、そう単純ではない。鉄鋼は、原材料も商品も重くかさばる産業である。

したがって、高炉メーカーとて、原材料立地や消費立地からの距離（物流コスト）がコストに与える影響は、世界中をくまなくカバーしようとすると、どんどん大きくなってくる。どこまでも規模の経済が働くとは限らないのである。

IGPI流チェックポイント14

事業の経済メカニズムについて、世の中は誤解だらけ。安易に「規模が効く」と思い込むな。まずはありのまま現実を凝視し、本質を洞察せよ。

コラム

とても重要だがよく見落とされるポイント（付加価値率の問題）

規模の経済において、共有コストに着目して分析することを指摘した。そこで、当たり前だが、見落とされがちなのが、この共有コスト自体が、自らがコントロールできる付加価値部分、管理可能コストに含まれていることが前提だという点。外部から購入してくるだけの直接変動費部分で規模の経済が効いたとしても、そのメリットは、まずはサプライヤー側が享受することになるからだ。

この後、「規模の経済」の他、「密度の経済」や「範囲の経済」など、経済性に関わ

付加価値率とは

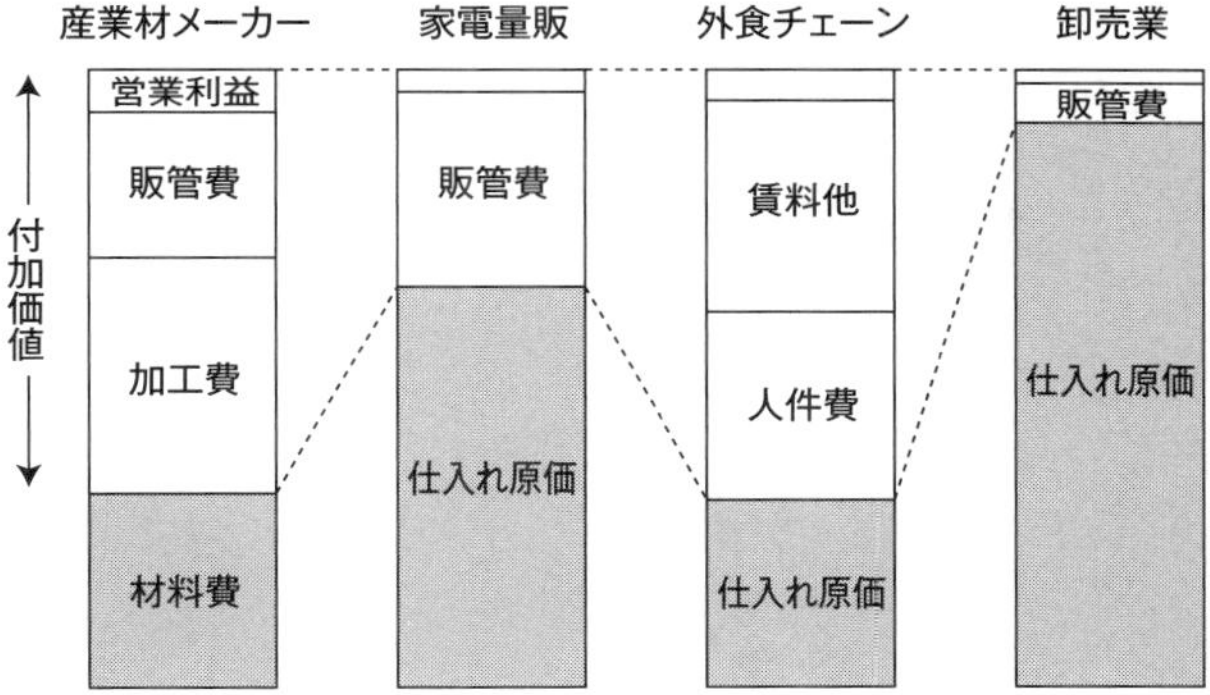

●売り上げから外部調達を差し引いた部分である付加価値は、業績により大きな差がある

るさまざまな分析の切り口が出てくる。これらの議論は、いずれも自らの付加価値を構成するコスト要素の中に共有コストの厚みがあって初めて有効な議論である。

したがって、ビジネスを考えるときに、付加価値率、管理可能コスト比率がどれだけ大きいのかは、とても重要な視点になる。これが小さいということは、自分自身の運命をコストサイドにおいてコントロールできる要素がきわめて小さいということを意味する。

プロの視点で見るとき、特に長期的な視点で見るとき、魅力的な会社や事業の基本的な要件は、売り上げサイドにおいても、コストサイドにおいても、まずは自らの力で自らの可能性を切り開ける領域をたくさん持っていることが重要となる。

後で「機会事業」と「障壁事業」のところでもう一度触れるが、「儲け」のメカニズムを構造的にビジネスの中にビルトインすることが、持続的な「勝ちパターン」であり、この付加価値率の厚みの問題は、その構造をつくるための前提条件に関わってくるのだ。

15 規模が効く業種と効かない業種

卸は数%の世界で儲けが決まる

次に、規模の経済が働かない業種の代表として、卸の世界を見ていこう。

メーカーと小売をつなぐ卸売業というのは、もともと利幅の薄い商売だ。売り上げのうち、外部から仕入れてきたもの（仕入れ原価）を除いた部分を「付加価値」とすると、卸売業の付加価値率はもともと1割あるかどうか。販管費を除いた営業利益はさらに薄く、営業利益率は数%がやっとである。

これを鉄鋼（高炉メーカー）などの素材メーカーや、レストランなどの外食産業と比較すると、卸売業の付加価値の薄さが目立つ。

卸は数%の世界で儲けが決まる。利幅が薄いので、相対で取引するときに条件交渉をするのがつねである。この商品は儲かるけれども、この商品はあまり儲からないとか、売れる商品と抱き合わせで他の商品を送り込むとか、商品ごとにきめ細かく対応していかないと、どんぶり勘定ではすぐに利益が吹っ飛んでしまう。

いくつか営業所があったとすると、できる店長は取引先との関係も良好で、きめ細かく管理してうまく儲けが出せるのに、そうでない店長もいたりする。

これは、単純に売り上げを稼ごうとやみくもに頑張ると、かえって逆効果で、トータルで赤字になるかもしれないということを意味している。規模を拡大するにしても、商品ごと、営業所ごとにきめ細かな対応が必要なのは変わらない。優秀な店長だけを集めることができればいいが、現実にはなかなかそうはいかないのだ。

また、一般に卸売業は共有コストも薄い。売り上げを伸ばそうとすると、取り扱い製品数や取引先を増やすべく営業マンや営業所を増やしたり、展開地域を増やしたりするわけだが、売り上げ規模を拡大していってもコスト効率は良くならない。むしろコスト効率が悪い（あるいは個別では赤字を多く含む）ほうにビジネスを広げていることも多々ある。そのため、取引先からの要請などのさまざまな理由によって規模を拡大していくだけだと、規模の不経済にはまっていってしまう。

過去にさまざまな卸売業を分析してきたが、製品別、取引先別、営業マン別などいろいろな切り口で、詳細に利益を見ていくと赤字が無視できない比率だったというのはよくある話である。

グラフの横軸に売上高、縦軸に利益率をとって、食品卸の代表的な企業をプロットすると、次ページの上図のようになる。

この図からわかるのは、卸のように付加価値と共有コストが薄い業種では、売り上げ規模と利益率が正の相関を示さないこと。売り上げが大きくなっても利益率は上がらず、むしろ、右肩下がりのグラフになる。つまり、規模が効かない。むしろ規模の不経済が働いている。

一般に、規模が大きくなれば利益率も上がるような気がするかもしれないが、実はそう

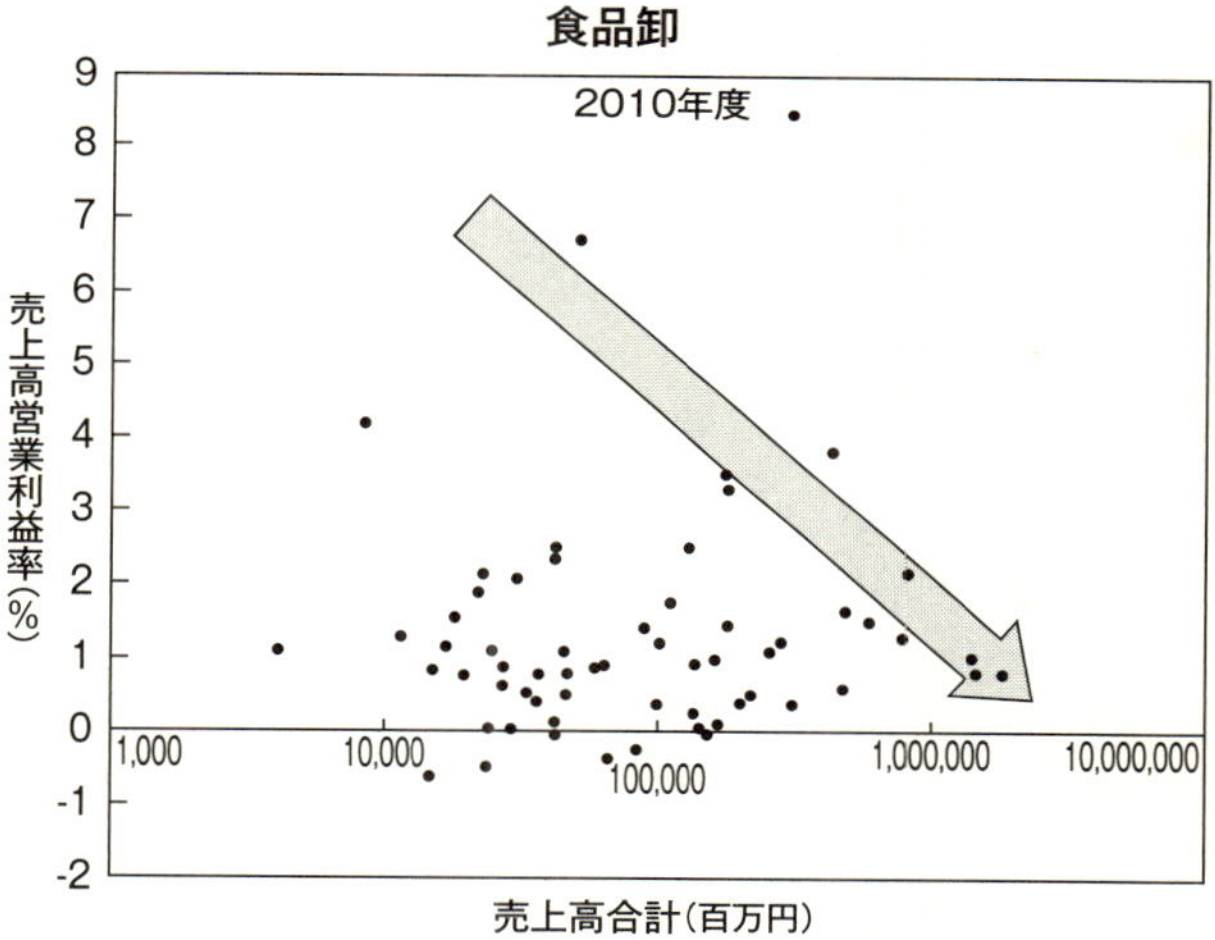
食品卸
2010年度
売上高営業利益率(%)
9
8
7
6
5
4
3
2
1
0
-1
-2
1,000
10,000
100,000
1,000,000
10,000,000
売上高合計(百万円)

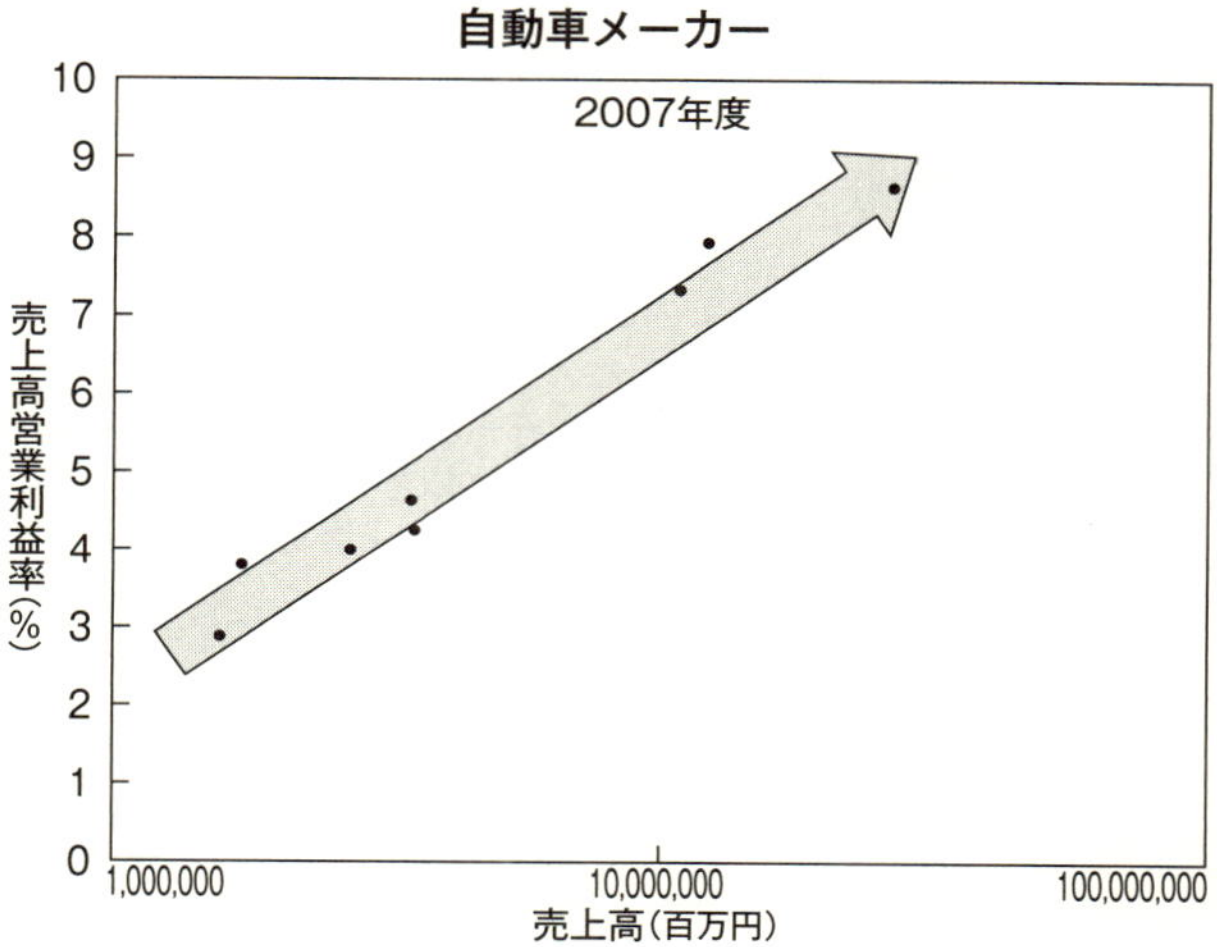
自動車メーカー
2007年度
売上高営業利益率(%)
10
9
8
7
6
5
4
3
2
1
0
1,000,000
10,000,000
100,000,000
売上高(百万円)

いう業種は驚くほど少ない。9割方は規模の経済が効かない業種だと思っていいのではないか。なお、規模が効いて利益率が右肩上がりになる事業の例として、自動車メーカー（ただし、リーマンショック前のタイミング）を掲げておいた。

素材産業には規模が効く

規模の経済が働く業種、たとえば高炉メーカーで言うと、巨大な高炉を建てる設備投資や研究開発投資などは共有コストとなる。鉄鋼をどんどん生産していけば、鉄鋼一単位あたりの共有コストは徐々に薄まっていく。前述した通り、規模の経済が働く事業では共有コストの部分が厚いから、単位あたりの平均コストが薄まっていくことによって、売り上げ規模と収益性が正の相関を示すのである。

このようなタイプの事業（ここでは「規模型事業」と呼ぶ）では、圧倒的にボリュームがあると、共有コストが非常に薄くなり、コスト競争力が高まり、より多くの利益が得られる。そうして得られた利益をさらに設備投資や研究開発に回して、最先端の高炉をばんばん建てていけば、下位メーカーは太刀打ちできなくなる。化学や合成繊維などを含め、素材産業には、規模が効きやすいビジネスが多い。

規模型事業と分散型事業

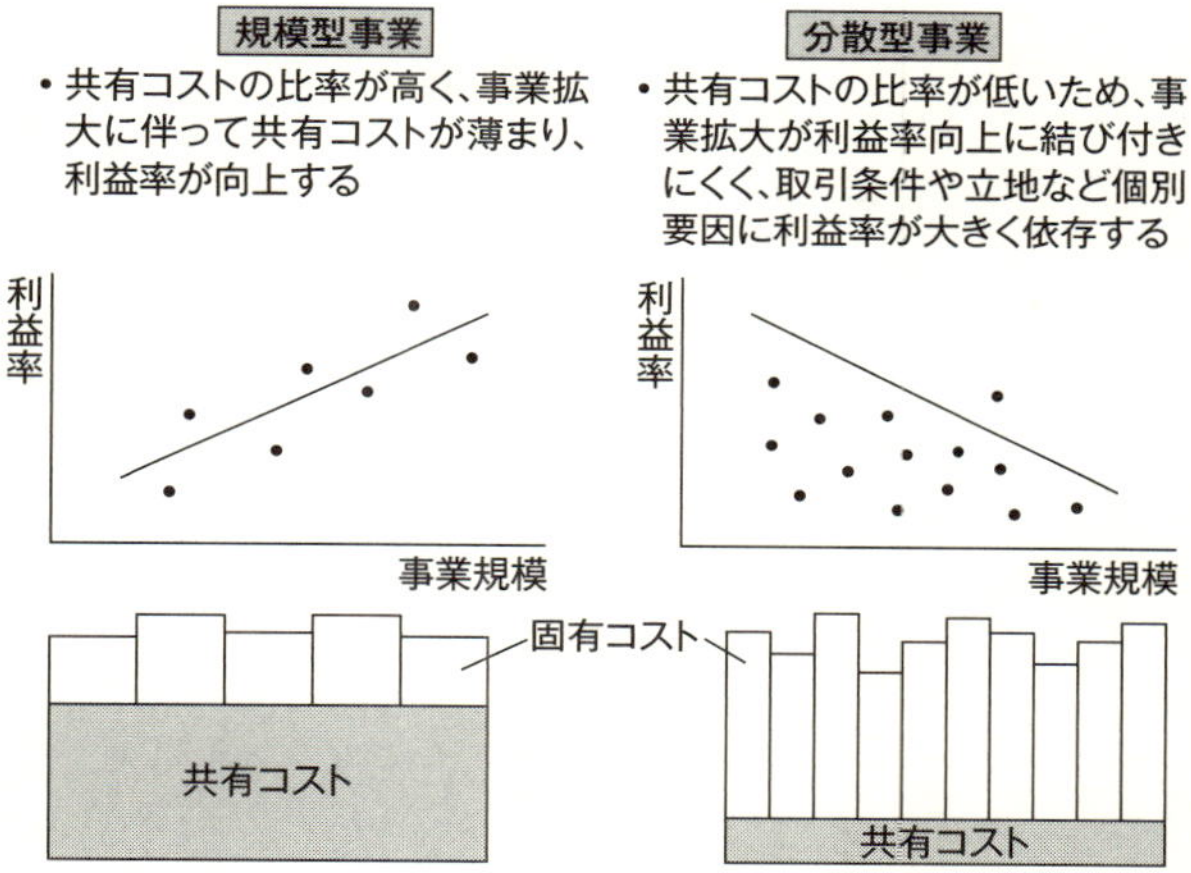
規模型事業
・共有コストの比率が高く、事業拡大に伴って共有コストが薄まり、利益率が向上する
分散型事業
・共有コストの比率が低いため、事業拡大が利益率向上に結び付きにくく、取引条件や立地など個別要因に利益率が大きく依存する
利益率
事業規模
利益率
事業規模
固有コスト
共有コスト
共有コスト

高炉メーカーがグローバルなレベルでM&Aを繰り返して規模拡大に精を出しているのは、圧倒的なシェアを握らない限り、価格（≒コスト）の面で勝負にならないということでもある。このように、勝ち負けのポイントは規模を効かせること、とはっきりしている。

一方、卸のように共有コストが薄くて、商品ごと、取引先ごと、営業所ごとに固有コストがかかるような業種（「分散型事業」と呼ぶ）では、たくさんある商品、商談を個別に管理していかないといけない。もともと共有コストに厚みがないので、規模の経済は働きようがないのである。

この後、さらに詳しく説明する「稼働率ビジネス」「立地ビジネス」は、いずれもこの

「分散型事業」に関わる話である。いずれも経済要因としては、競争の勝ち負けに関わるポイントがたくさんある、あるいは勝負ポイントが効く範囲が狭く限定されているタイプのビジネスである。

レストランは個々の店の競争力の積み上げ

分散型のビジネスは、経済構造自体に決定的な勝ちパターン、売り上げと収益率の向上を自動的に両立するメカニズムをつくり込むことが難しい。むしろ経済構造、コスト構造うんぬんの前に、もっと大きな勝ち負けを決めるさまざまな要素が先行してしまうケースが少なくないのだ。

その典型が外食産業。

テーブルサービス型の外食では、食材仕入れコストが通常は3割程度なので、付加価値比率は高いのだが、店舗間、メニュー間の共有コストは薄い。外食チェーンでは、セントラルキッチンや広告宣伝費など共有コストに一定以上の厚みを持たせて、規模効果をある程度取り込んでいる場合があるが、外食全般としての基本的な事業経済性としては、前述した規模型事業と比べれば、圧倒的に規模効果は効きにくい。むしろ、個々の店舗、あるいはそれを束ねたオペレーションのさまざまな工夫の積み重ねで勝負が決まってしまう。

より具体的に見ていこう。

レストランや居酒屋、ラーメン店などは、まずは個々の店の競争力がすべての出発点。それは現場の細かな努力、技術、サービスの積み重ねが基本だ。おまけに、顧客の味覚や居心地の良さといったセンスに合致しなくてはならない。店の立地も重要かもしれない。漫然と店数を増やすと、むしろ経済効率が下がるリスクも抱えている。そうしたいろいろな要素をしっかり押さえることが、まず大事で、それを全体として価格とコストが整合するように、店ごとに仕上げ、磨きをかけていくことで競争力が強化できる。

あえてルールがあるとすれば、立地と店長の能力が絶対条件。加えてその店長軍団を率い、分散的なものをひとつの企業体に統合する総店長としての経営トップの才覚で、その外食企業がどこまで大きくなれるかは、かなりの部分決まってしまう。

たとえばワタミグループの躍進は、渡邉美樹さんという、卓越した経営者がいたことが圧倒的に大きい。それを抜きに、あの手の居酒屋チェーンで、こうやれば絶対に勝てるというセオリーを語ることは意味をなさない。ワタミに限らず、競争力のある外食産業に強烈なトップ経営者が君臨しているケースが多いのは、まさに経済特性において必然性があ

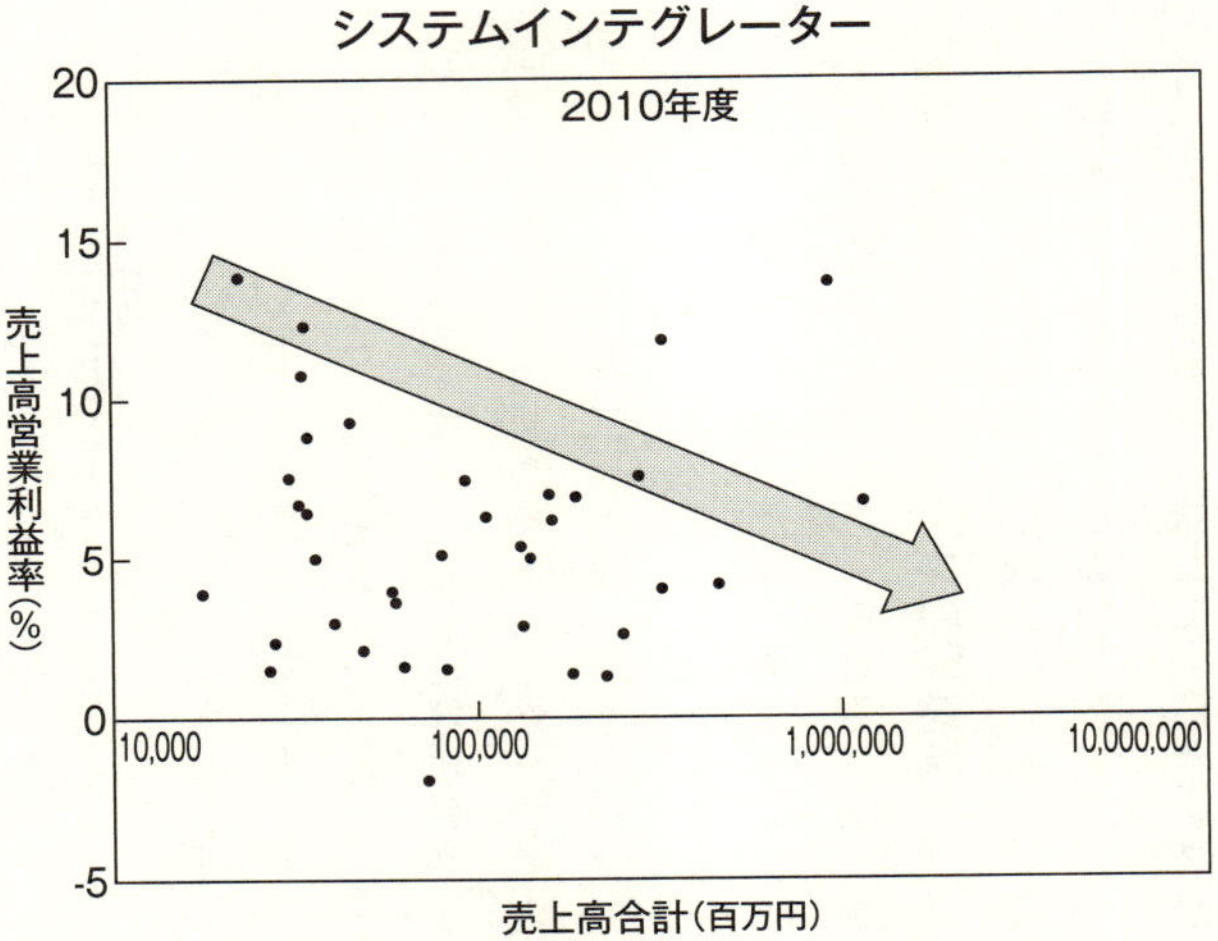

るからだ。

次に、システムインテグレーターを見てみよう。

システムという響きからは、規模が効きそうとの印象を持つかもしれないが、規模と収益性のグラフを見ればわかる通り、規模の不経済が働く傾向にある、企業個別にシステムソリューション（個別企業にテーラーメイドでシステムを構築）を提供している多くのシステムインテグレーターでは、付加価値率は高いものの、個別の案件間での共有コストはとても薄い。

したがって、大きい有名な企業であっても、必ずしも利益率は高くならない、という経済メカニズムになっているのである。

ちなみに、汎用的なパッケージ製品を先行的に開発して、それを売りさばく事業モデルをとっているシステムプロバイダー、あるいはデータセンター事業やＢＰＯ事業などの装置産業型の事業をしている企業では、規模効果がそれなりに享受できる。

IGPI流チェックポイント15

単純に規模を拡大しても、その効果が得られる業種は、実は驚くほど少ない。共有コストが薄い場合、むしろ規模の不経済が働き、勝敗を決めるポイントは拡散する。

16 業界構図の変質の陰には、必ず経済構造の変化がある

なぜ、食品卸は買収を繰り返すのか

付加価値率が低く共有コストが薄い卸売業では、基本的には規模の経済は働かない。にもかかわらず、食品卸の世界には買収を繰り返して大きくなった企業がある。なぜだろうか。

産業再生機構時代、我々はお菓子の卸会社の再生に携わった。

かつてはどこにでもあった駄菓子屋。子どもの頃、近所の駄菓子屋に入り浸った経験をお持ちの方も多いだろう。地域ごとに小さな駄菓子屋がたくさんあり、各店に商品を届けなければいけないので、地域ごとに卸会社があった。

規模を拡大しても効率化されにくいこともあり、お菓子の卸は地元密着の小さな会社がほとんどだった。商品を調達して運ぶという物流機能だけではなく、資金繰りがきついときは支払いサイト調整をしたりする金融機能も果たし、こういう商品が売れ筋ですよという販売支援まで世話をしていた。メーカーとしてはなかなかそこまでやりきれない。だから卸の存在価値があった。

ところが、街の駄菓子屋がどんどん姿を消し、ほとんどがコンビニやスーパーのお菓子売り場に取って代わられてしまった。すると、どんなことが起きるのか。

コンビニの各店からすると、お菓子だけ持ってこられても困ってしまう。お菓子のトラックが来て、牛乳などの日販品のトラックが来て、文房具のトラックが来て、書籍のトラックが来て、ということを製品カテゴリー別にやっていたら、コンビニの前に大渋滞が起きてしまう。そのため、コンビニでは、商品を集中するセンターをどこかにつくって、そこから各店に混載して送るという方法をとっていく。

余談だが、混載して少量ずつ店舗配送するパターンが確立しているので、コンビニはいったん品物がなくなると、なかなか棚が埋まらない。東日本大震災後の買い占め騒動で、カップ麵やレトルト食品、飲料水などが軒並み品切れを起こして、１週間ほどガラガラの状態が続いたが、あれは、各製品カテゴリーを少しずつしか配給しない方式なので、大量に品切れを起こすと追いつかないからだ。もし仮に、お菓子ならお菓子の卸が個別に配送していれば、商品さえ確保できれば、棚は比較的早期に埋まったはずだ。

話を戻すと、コンビニはセンターへの納品を基本としている。また、地域ごとに展開していたコンビニが、だんだん全国化してくると、「商談は一括して東京でやろう」という話にもなる。金融機能や商品情報提供機能もいらない。

それらを背景として、地域密着のお菓子専門卸の出る幕はなくなってきたのである。広域展開しているコンビニ、あるいはスーパーが、ＩＴを活用しながら商品管理をし、物流センターや配送システムを使って効率化を志向する時代になると、卸も総合化・全国化を図る必要が出てきた。

ところが、先ほど述べたように、卸は基本的には規模の経済が働かない業種である。顧客であるコンビニのニーズに引っ張られて、ぼんやりと規模拡大を続けると、必ず規模の不経済の罠にはまることになる。

そこで、総合化・全国化する顧客ニーズへ対応するため、技術革新によって規模の不経済を少しでも克服する方向への業態進化が、卸の側でも始まる。要はＩＴや広域カバーの物流センター、冷蔵・チルド配送設備網などの、一定規模以上の設備を必要とし、顧客満足度を高める装置産業へと進化していったのである。

装置部分はかなり大きな固定費（共有コスト）のかたまりであり、一定以上の企業規模がないとその投資に耐えられなくなる。こうした装置化が、従来の規模の不経済的な要素を緩和する一方で、逆に規模の経済性が支配する領域を大きくしていった。

食品大手の三菱食品（旧社名：菱食）などが買収を繰り返し、総合化・全国化を進める一方で、地域密着の専門卸の淘汰が起き始めたのは、こうした事業経済性の変化が背景にある。

産業材、生産財の世界は別の論理

ただ、気をつけておかなければならないのは、食品や日用品のように、大量の規格品が安定数量で反復的に流通する世界では、卸サイドの規模化が起こせても、それがすべての卸ビジネスで起きるとは限らないことだ。納品場所が一定でなかったり、商材が不定形だったり、少量多品種だったり、オーダー数やタイミングが不規則だったりする世界、典型的には産業材、生産財の卸の世界では、やはり規模の不経済がビジネスの大部分を支配する場合が多い。

私たちは電気設備資材の卸ビジネスに携わっていたことがあるが、まさにこの典型例である。たとえば、電気設備（照明器具から電源コードなど小物まで）を現場に配送するわけだが、納品場所はもちろん建築現場によって異なるし、工期に合わせて配送する部材も変わる。また、ケーブルがないからすぐに持ってきて、というような対応も必要になる。これではなかなか規模のメリットを出せない。

産業再生機構に持ち込まれたのは何かしら問題を抱えて、今にも倒産しそうな企業ばかりである。本業とは別のもの、たとえば不動産投資に手を出したりしてBSが悪化している話なのか。それとも、最終的にその企業が保有する事業が競争力を失っていく話なのか。まずは、それを見極めることが何よりも重要である。

まず考えるのは、「保有事業は持続的に競争優位を維持できるか？」ということだ。もし、産業としてなくなる、さらには、保有機能や組織についても価値がなくなる運命であれば、支援しても延命措置にしかならない。潰れてしまっては、投資資金を回収できない。

次に考えるのは、単独で再生できるのか、その会社が持っている資源を欲する企業があるか、である。

菓子卸の場合、総合全国食品卸がなぜ専門卸を買収していくのだろう、との問題意識から分析をスタートしている。結局、総合全国食品卸に専門卸が統合されていく産業構造の変質に経済メカニズムの裏づけがあることがクリアになる。

これは、お菓子の卸を単独で会社として存続させる前提での支援は難しいことも示唆している。同時に、総合食品卸に菓子卸の機能・組織が吸収されることが、(潰れてしまうよりもよほど)社員、金融機関、取引先などのステークホルダーにとっても、合理的であることも示している。

経営分析といっても、PLやBSをすでに起こった過去のものとして静態的に見る話と、今現に起きつつあるストーリーとして動態的に見る話はまったく別ものである。リアルな経営分析で重要なのは後者で、その企業、その事業がどういう位置づけで、どんな仕組みで儲けているのか（あるいは構造的に儲からないようになっているのか）をダイナミックにつかむこと。これこそが経営分析なのだ。

大切なのは、前述の事例でわかるように、勝ち負けの構図が大きく変わるのは、事業の経済性に大きな変化が起きるときであるということ。表面的な現象の変化やトレンドに惑わされず、背後にある経済構造の本質的変化の有無を見つめることで、このストーリーは見えてくる。やはり事業の経済性分析は、経営分析の王様なのだ。

IGPI流チェックポイント16

優勝劣敗の構図が本当に変わるのは、経済構造が変わったとき。そこで当該事業が消えゆく運命なのかを見定めるのも、経営分析の大事な仕事である。

コラム

卸プレーヤーのひとつの儲け方（範囲の経済）

繁華街を通っていると、「高瀬物産」というロゴの入ったトラックが走っているのを見かける。知っている人も多いかもしれないが、高瀬物産は、外食向け食品卸である。

レストランチェーンは、セントラルキッチンや専用トラックにより、食材・資材の店舗配送を効率的にやっているが、個人経営のお店は、当然そのような仕組みを持っていない。

高瀬物産のような外食向け食品卸業者は、野菜、肉、魚、調味料、酒、加工食品から調理器具まで、飲食店が日々のオペレーションで必要なものをすべて扱っている。繁華街の取引先、一軒一軒をあのトラックで日々配送をしているのだ。

話を単純化するために、仮に外食向けの酒類を扱う卸が、乾物も取り扱い始めたとしよう。日々の配達先に対し、乾物の取り扱いを始めても、配送コスト（ドライバーの人件費、燃料費、トラックの減価償却等）は、ほとんど変わらない。乾物を扱った分の売り上げが上乗せになり、儲けが増えていく（厳密には、倉庫のオペレーションやシステムなどの追加コストは存在するかもしれないが）。

飲食店側にしてみても、毎日の注文と配達の確認や配達応対が一度で済むので便利である。

範囲の経済性

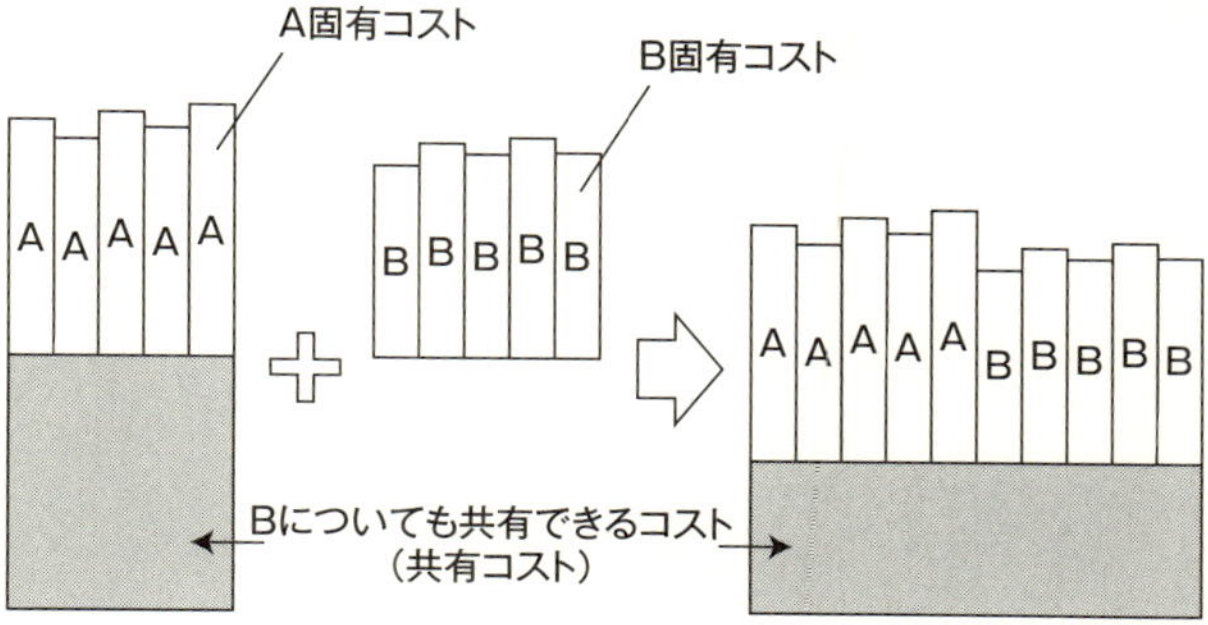

●範囲の経済性とは、事業／製品等のユニットの複線化により、ユニットあたりの平均コストが低下する経済効果を言う（ここではAというユニット群にBというユニット群の売り上げを乗せることで、コスト効率が高まっている）

このようにもともとある仕組み（飲食店への配送の仕組みという共有コスト）を活用し、異なった種類の商材（異なった事業ユニット）で事業規模を拡大していき、共有コストを薄めることで経済性を高めていくことを「範囲の経済」と言う。

範囲の経済性を効かせた例は、他にも身近にある。小売業が店舗という販売の仕組み（共有コスト）を使って、さまざまな製品を顧客に重ね売りできるように陳列している行為が典型例である。あるいは、ネットの世界では、楽天のようにWeb上でさまざまなサービスを重ね売りできるようにメニュー提供しているのもそうだ。

少し変わったところでは、ソニーのブランド認知という経営資源を共有コストとして新規事業展開したソニー生命。R&D成果という経営資源を共有コストとして、医薬品事業に進出した味の素やキリンビールの事業展開も、範囲の経済性の事例と言える。

17 カネボウ化粧品の販売チャネルで他社の化粧品を売れるか?

美容部員の誇りと愛社精神

産業再生機構が保有していたカネボウ化粧品の売却先をめぐって、内外のメーカーやファンドがしのぎを削ったことがあった。その当時、世界的に有名な超一流コンサルティングファームのパートナーが筆者に対し、「カネボウ化粧品は販売チャネルが強い。花王は商品開発力はあるが、販売チャネルが弱い。だからこれ以上シナジーのある組み合わせはあり得ない」と熱弁を振るったことがあった。

さて、このパートナーの意見は正しいだろうか。

確かに制度品メーカー第2位のカネボウ化粧品は、7000人を超える美容部員を有している。彼女たちが全国をカバーして、対面で顧客に高級化粧品を販売する販売チャネルは実に強力。このチャネルに商品力のある他社の商品を流し、従来の売り上げに上乗せで販売できるならば、いわゆる「範囲の経済」が効いて、きわめて大きな経済的メリットを享受できる。いかにも頭のよろしい一流コンサルタントの考えそうなお話である。

しかし、実際にカネボウ化粧品を2年間にわたり経営してきた私たちの実感は、「それはあり得ない」というものだった。なぜか？

カネボウ化粧品の美容部員は、カネボウ化粧品という会社を愛し、仲間を愛し、自社の商品に誇りを持っている。だからこそ、業界水準としては必ずしも高い給料ではなかったにもかかわらず、あの大粉飾事件と経営破綻の中でも、他社の誘いを断ってカネボウ化粧品に踏みとどまって頑張ってくれた。

そして彼女たちの頑張りで、カネボウ化粧品の収益率は、再建期間の2年の間に大幅に向上していた。前に少し触れたように、制度品メーカーの場合、営業人件費の生産性向上により、大いに「規模の経済」が効いていったのである。

そこで、花王が買収したからといって、そんな彼女たちが、「はい、そうですか」と、翌日から一生懸命「ソフィーナ」などの花王の商品を売ってくれるか。それも従来の売り上げに大きく上乗せするほどの高いパフォーマンスまで上げてくれるか。

一度、百貨店の化粧品の対面販売の現場をのぞいてみればいい。もしチャンスがあれば、美容部員さんたちと一杯飲んでざっくばらんに話してみたらいい。よほど人間音痴でなければ、この問いに対する答えは明白である。

人間を観察し分析するしかない

販売チャネルの本質は、多くの場合、機械や設備ではなく、そこでものを売っている人間である。その人間性の現実を見つめなければ、範囲の経済や「シナジー」といった話は、単なる絵空事に終わる。

経営分析において、計数的なモデリングやシミュレーションを行うときに、絶対に忘れてはいけないのが、そこで置いている前提条件に人間的なリアリティーがあるか、である。このカネボウ化粧品の例は、その重要性を如実に教えてくれている。

もちろん当の花王自身は、さすがにそんなことは百も承知のうえで、カネボウ化粧品の企業価値を彼らなりにはじき、公正な入札を勝ち抜いて売却先に選ばれた。その後、やはり頭でっかちの某外資系アナリストが、「花王は、買収後のカネボウ化粧品とのシナジー実現に、時間がかかりすぎている」と、トンチンカンな批判を始めた。

しかし実際には、花王がカネボウ化粧品の企業価値の源泉である販売組織のデリケートさをよく理解しているからこそ、慎重に、物流や生産といったバックサイドの共通化から、買収後の統合を進めていったのである。

最も頻繁に語られる経営的幻想「シナジー効果」

M&Aにおいて、必ず「シナジー効果」（相乗効果、共有効果）という言葉が使われる。大企業が新規事業に乗り出すときも、既存事業との関係でかくかくしかじかのシナジーがあるからという話が出てくる。いわゆる戦略コンサルタントの人たちも、シナジーという言葉が大好きだ。

しかし、現実経営の世界で、そのシナジー物語が現実化することは滅多にない。すでに化粧品事業のM&Aに関する話で紹介した通り、シナジーの根拠になっている「範囲の経済」「規模の経済」は、そう簡単には効いてこない。そこに介在する人間のスキル、動機づけ、情緒といった問題や、一見、共通化できそうで、子細に見ていくと実に多くの調整要素があって調整コストのほうが共有コスト化のメリットを上回ってしまう問題がある。多くのハードル、障害がそこには待っている。

一時期、自動車産業の世界で、500万台クラブといって、一定規模に達しないと生き残れないと言われ、上位自動車メーカーの多くがM&Aに突っ走ったことがあった。ダイムラー・クライスラーの合併や、フォードによるボルボやジャガーの買収もそうした脈絡で行われた。曰く「プラットフォームの共通化」、曰く「部品の共通化」、曰く「販売チャネルの共通化」……しかし、ご存じの通りこれらのM&Aの結果は惨憺たるものだった。当時のM&Aの多くが解消か、すでに別の会社に事業を売却してしまっている。

M&Aが、本書で見てきたさまざまな勝ちパターンを実現する有力な手段のひとつであることは否定しない。私たちIGPIは経営コンサルタントやフィナンシャルアドバイザーの立場で、多くのM&A及び、M&A後の事業統合（いわゆるPMI）の支援に関わっている。産業再生機構時代は、41社の企業をわずか2年の間に買収し、買収後経営に関わり、さらにはその後に売却も行っている。大企業による新規事業の立ち上げ支援にも数多このたびはＰＨＰの出版物をお買い上げいただき、ありがとうございました。
今後の編集の参考にするため下記設問にお答えいただければ幸いです。

●お買い上げいただいた本の題名

題名 ________________________________

●この本を何でお知りになりましたか。

1 新聞広告で（新聞名　　　　　　　　　　　　　　）
2 雑誌広告で（雑誌名　　　　　　　　　　　　　　）
3 書店で実物を見て
4 人にすすめられて
5 弊所のホームページで
6 他のインターネット・サイトで
7 新聞・雑誌の紹介記事で（新聞・雑誌名　　　　　　）
8 その他（　　　　　　　　　　　　　　　　　　　）

●本書の購入を決めた理由は何でしたか（複数回答可）。

1 執筆者が好きだから
2 タイトルにひかれたから
3 このジャンルに興味があるから
4 その他（　　　　　　　　　　　　　　　　　　　）

●本書の読書感をお聞かせください。

1 テーマと内容（　満足　　　ふつう　　　不満　）
2 読みやすさ　（　満足　　　ふつう　　　不満　）

●最近読んで面白かったビジネス書の題名を教えてください。

題名 ________________________________

●その他、ご意見・ご感想、これから読みたい著者・テーマなどをお聞かせください。

＊あなたのご意見・ご感想を本書の新聞・雑誌広告・弊所のホームページなどで
1 掲載してもよい　　　　　2 掲載しては困る

郵　便　は　が　き

料金受取人払郵便

麹町支店承認

7742

差出有効期間
平成25年4月
30日まで
切手はいりません

102-8790

119

東京都千代田区一番町21

PHP研究所
ビジネス出版部　行

◆性　別　1. 男　2. 女	◆年　齢　　　歳
◆おところ（都道府県のみで結構です）	都・道・府・県
◆ご職業　1. 会社員　2. 公務員　3. 自営業　4. 農林漁業　5. 教員　6. 学生　7. 主婦　8. その他（　　　）	
◆定期購買新聞・雑誌名　新聞〔　　　〕	雑誌〔　　　〕

＊お寄せいただいた個人情報は、今後の編集の参考に利用させていただきます。

く関わってきた。

しかし、だからこそ、実感の問題として、いわゆるシナジーをＭ＆Ａや新規事業開発において実現することは、そう簡単ではないことがよくわかる。

こうしたシナジーは、Ｍ＆Ａや新規事業立ち上げによって自動的、機械的に生まれるものではない。事業統合する双方、母体企業と被買収側や、新規事業側の両方において、大変な経営努力を忍耐強く継続して、初めて実現するものなのだ。しかるべきマネジメント人材と、組織全体にシナジーによる全体最適を志向する強い意志がなければ、ほぼ間違いなく経営的幻想に帰するのが「シナジー効果」なのである。

そういう意味で、「シナジー効果」が実現できるか否か、そのためには何が必要かについては、実に詳細にわたる業務構造に対する理解と、組織と人材に対する深い洞察が必要となる。経営分析力としては、最高レベルの熟練が求められるのが、シナジー効果に関する分析なのだ。

経営において、数字を観察し分析することは、人間を観察し分析することと同義だ。生身の人間は、本の中にも、ＰＣの中にも、スプレッドシートの中にもいない。経営分析者よ、〝書を捨てよ、町へ出よう〟（寺山修司）である。

IGPI流チェックポイント17

経済の本質のひとつは、人間心理である。人間音痴では、正しい経営分析はできない。

18 規模、範囲、そして「密着」の経済性

セブン-イレブンが四国には出店しないわけ

店舗の数を増やすことによって、コストダウン効果があるのかどうか。結論から言うと、コンビニの場合、利益率を縦軸、営業収入を横軸にとると、V字を描く。

つまり、店舗数が少ないと、ひとつひとつの店舗の頑張りに依存するので、ただただ店舗数を増やしていくと、さまざまな社内調整コストがかかったり、業績の悪い店舗が足を引っ張ったり、立地の悪い出店も増えたりして、右肩下がりになってしまう（分散型事業の特性）。それがある一定以上の店舗数になって、システム投資や広告宣伝をしっかりしていけるようになると、規模の効果が出てきて、右肩上がりになるのである。

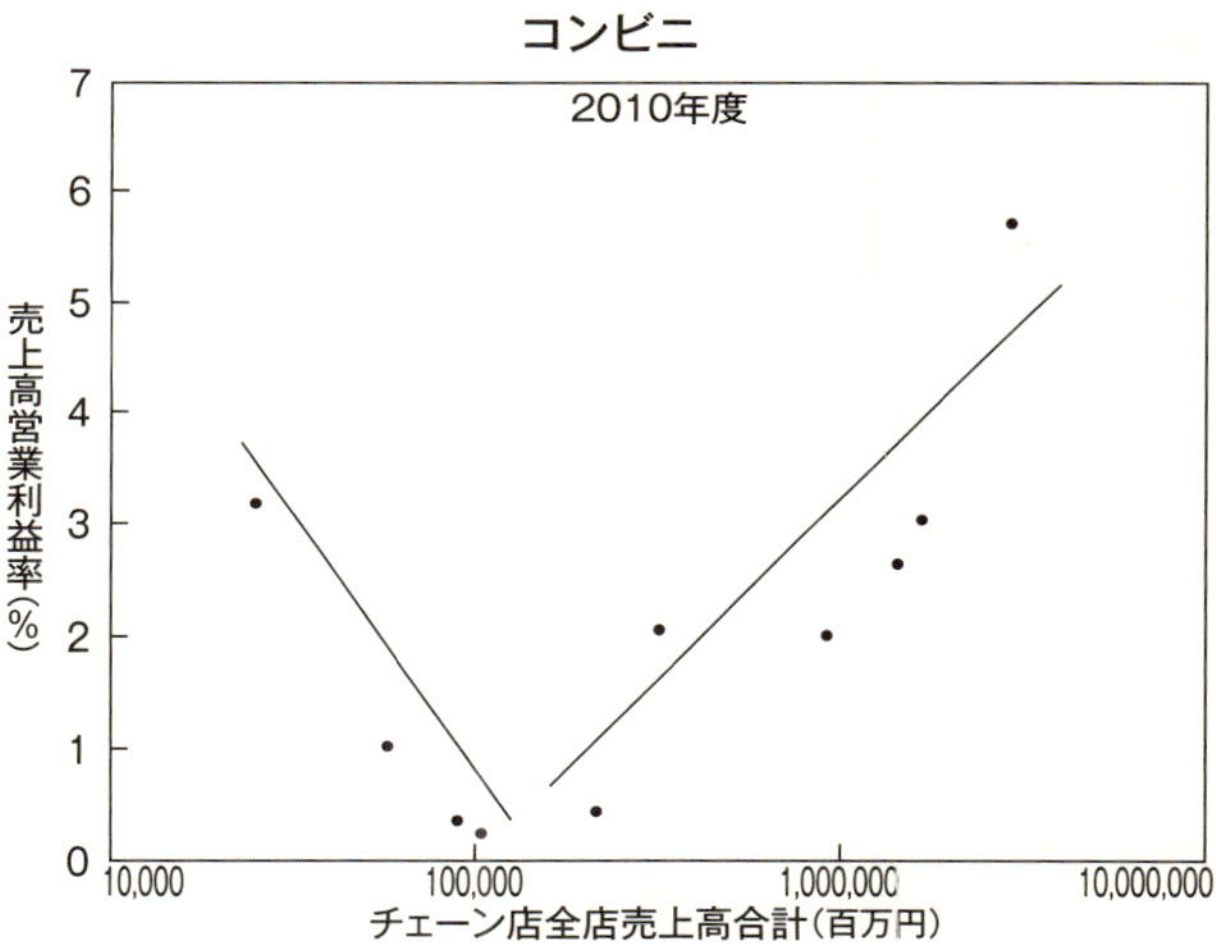

また、コンビニの場合は、単純に店舗数を増やせばいいのではなく、ある特定の地域に限定して店舗を出店するドミナント戦略により、経済性が高まる。店舗同士が近ければ、その分、各店への配送コストの効率が上がる。複数の店舗を往き来して統括指導するスタッフの効率も良くなる。

だから、セブン-イレブンが大量にある県と、青森、秋田、四国の4県など、まったく店舗がない地域があるのである。地域をかなり絞り込んでいるコンビニもある。セイコーマートは北海道と茨城、埼玉にしか出店していない。

このように、エリア集中によって売り上げに対する配送コスト、エリア本部コストなど

密度の経済性

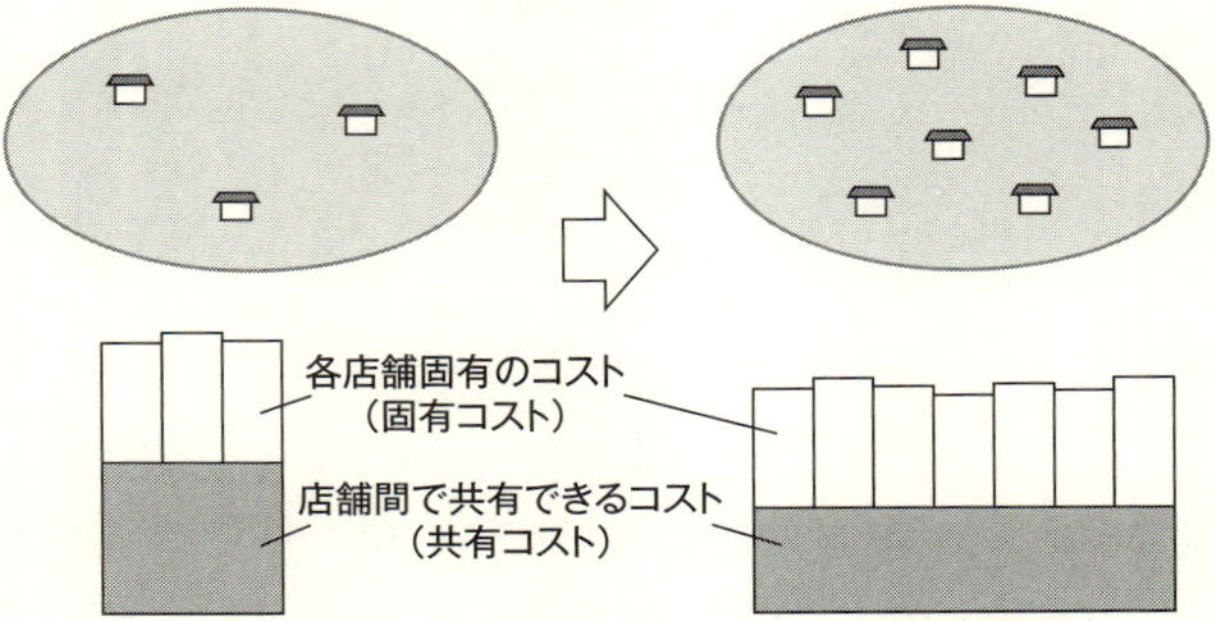

●密度の経済性とは、エリア内の事業／事業所／取引先等のユニット数の増加（ユニット密度の上昇）により、ユニットあたりの平均コストが低下する経済効果を言う（ここでは、同一エリアで3店舗から7店舗に増やした場合の物流費や店舗管理コストが薄まっている）

の比率を効率的に下げることで利益率を高める儲けの仕組みを「密度の経済」と言う。

実際に顧客と対面しないと商売にならない小売業、外食、サービス業においては、「密度の経済」が働くケースが多い。規模の経済が効きにくいビジネスの代表例として説明した卸ビジネスも、「密度の経済」がものを言う部分が大きい。顧客である小売業の店舗にものを運ぶ、仕入れ責任者のところへ営業回りをするときに、一定の地域内で密度の高い商圏を持っているほうが、効率がいいに決まっている。

顧客や地域との密着力こそが大切

このような密度の経済が働く事業で、活動

適正規模を超えた拡大

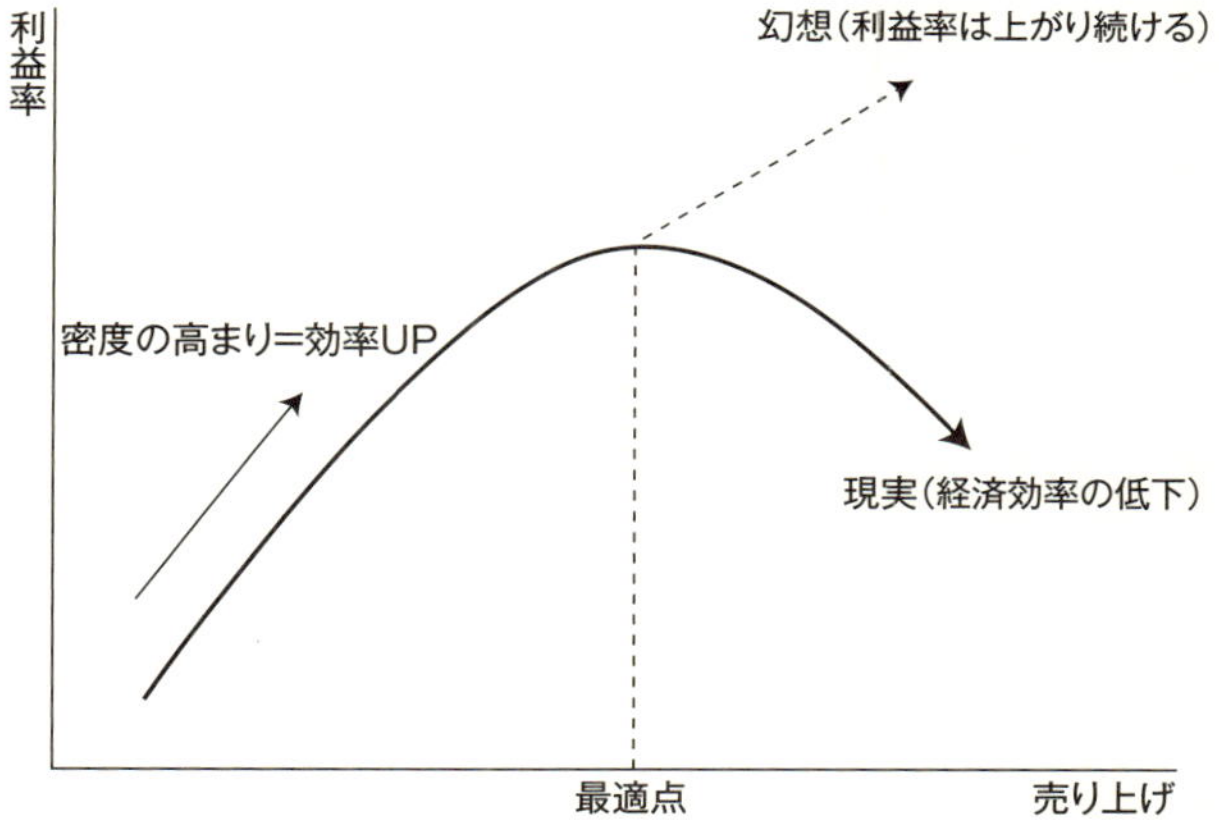

エリアから離れた飛び地に拠点を設けると不経済が発生しうる。漫然と規模が大きくなってもコスト効率はかえって悪くなり、品質にもばらつきが出て、収益力、競争力は低下するのだ。

このような密度の経済に支配されるビジネスは、前述の稼働率ビジネスと同じく、規模の経済が効く範囲が限定されている業態との見方もできる。密度が高まる範囲での規模拡大（たとえばドミナントな商圏の中で小売チェーンや外食チェーンの出店を増やすこと）は、経済効率を高め、売り上げ増（≒収益増）となる。

しかし、その商圏が飽和してしまうと、新規出店は1店あたりの収益効率を低下させるし、商圏を外に広げると、物流や管理効率を下げてしまう。そうなる手前では、成長（≒利益率の向上）でいいことずくめなので、適正規模を超えてやみくもな拡大に突っ走って自滅するというのが、この手のビジネスによくある失敗パターンである。

商圏拡大時には、密度がいったん薄まって経済効率が下がり、利益率や資金繰りは悪化する。それを超えるための仕組みの進化（規模がより大きな範囲で効くように、IT、セントラルキッチン、物流センター投資を行う）と、投資のための資金的な手当ての裏打ちがない規模拡大は、下手をすると命取りになる。

インターネットの活用などによって、こうした事業もある部分は「密度の経済」の呪縛から解放される。しかし、最終的な商品やサービスのデリバリーが、日本中、世界中に分散して住んでいる顧客との物理的なコンタクトを要する事業の場合、密度との戦いから完全に自由になることはない。

密度の呪縛を逆手にとり、この手のビジネスでいったんある地域でドミナントな状況をつくると、守りはなかなか堅い。よく大手や外資が自らの商圏に進出してきたときに、大変だ、大資本やグローバル化の波に押し潰される！　と大騒ぎする経営者を目にする。

しかし、現実には、慌てふためいてアゴが上がり、妙な新規事業に手を出したり、むやみな規模拡大を図ったりして、自滅するパターンが大半である。

むしろ顧客や地域との密着力を、さらに強化し研ぎ澄ますことだ。自らのムリ、ムダ、ムラをコツコツと排除し、品質と効率を高めることで、地域ドミナントを守りきることが、多くの場合、最も「負けない」パターンとなる。

IGPI流チェックポイント18

世の中の多くのビジネスを支配しているのは、実は「密度の経済性」。単純な「規模」だけでなく、「密度」の持つ意味にも着目せよ。

19 都市型とロードサイド型の家電量販店の違いは？

「ビックカメラ」「ヨドバシカメラ」と「ケーズデンキ」の違い

都市と地方の小売業態では、同じ業種でも別々の経済メカニズムが働く。

同じ家電量販店でも、ビックカメラやヨドバシカメラのように都市部のターミナル駅前の立地に限って出店するタイプと、ケーズデンキのようにロードサイドを中心に店舗展開しているタイプでは事業経済性は異なる。

ロードサイド店の典型はベスト・バイという米国のチェーン店で、北米を中心に１１００店舗以上を展開している世界最大級の家電量販店である。典型的なロードサイド型のベスト・バイでは、広い敷地内の巨大な店舗に商品がゆったり並んでいて、店員の数は少ない。質問があるときは、店員を探さなければいけない。

一方、日本の都市部駅前に立地するビックカメラやヨドバシカメラには、多くの製品売り場に、大勢の販売店員がいる。ごく単純に、「あれだけお客さんの数が多いのだから、その分、店員の数も多いのも当たり前」という見方をしていいのだろうか。

同じ小売業態でも、都心部のスーパーマーケットで各売り場に数多くの売り子さんがいる光景はあまり想像がつかない。試食コーナーや鮮魚コーナーにたまに店員がいることはあっても、パン売り場、総菜売り場、野菜売り場、日用品売り場、お菓子売り場に店員が待機して、商品の説明をしている姿を見たことはまずないはず。そう考えると、なぜ都心の家電量販店には販売店員があれほどたくさんいるのか、不思議になる。

まず都心と地方との比較で、すぐに思いつくのは、家賃の違いである。

駅前好立地の家電量販店は家賃が高い分、面積あたりの粗利額を、地方よりも多く稼がないとならない。立地は恵まれているので、広域からの集客（購入見込客）には広告をうまくやれば、それほど困らない。そこで、来店した見込客に対して、人手をかけての販促はもちろんのこと、特設ブースにはキャンペーンをするコンパニオンがいたりと、できることは何でも繰り出して、多く粗利を稼ごうと躍起になるのである。

ところが、地方のロードサイド店で同じことをやると、人件費がかさんでしまう。フロア中が多数のお客で埋まる駅前の大型店と違って、ロードサイド店は家賃も安いが来客見込数も都心部に比べれば多くは期待できない。そのため、限られた店員でより多くの獲得粗利額を上げるように、たとえば、モールなどへの出店、折り込みチラシ、広い陳列スペース、店頭ＰＯＰの工夫、広い駐車場などの工夫をしている。

店舗収益を最大化するために、立地（潜在集客力）と主たる要素コストの違い（家賃と人件費）の連立方程式を解いた場合に、とるべき手法（お金のかけ方）が異なるのである。

食品、日用品売り場には人をかけない経済的背景

ところで、スーパーマーケットの場合、都心だろうが、地方だろうが、特定の売り場を

除いて、売り場ごとに店員がいることはまずない。これはなぜだろう。

これを解き明かすには、商品特性の違いがもたらす顧客の購買行動の差異について議論しないとならない。

テレビやエアコンなど家電製品（耐久消費財）は、数年に一度の頻度でしか買い替えないので、最新の製品情報がよくわからないまま、購入検討を始める。情報の非対称性（二者間の情報の格差。ここでは買い手が売り手に比べて製品情報が少ないこと）が大きく、さらに、高額品なので、何店舗か比較してみたり、店頭での販売員の説明を聞いたりして、購入に至る。

実際に購入に至るまでに、それだけの時間と工数をかけることが、購入者にとって「経済的に合理的」であるから、そうしているのである。それゆえに、都市中心部の大型店舗での販売員による説明を詳しく聞いてから購入するという図式が成り立つ。

一方で、毎日の食材や日用品については、遠くに行ったりなどの時間と工数は、耐久消費財に比べれば、圧倒的にかけない。身近な店舗で済ますのが、「経済合理的な購買行動」だからである。また、情報の非対称性も総じて低く、高額製品でもないため、販売員から真剣に説明を聞かなくても、製品選択にさほど躊躇しない。

それゆえ、販売員を大量に投入し、見込客を他店に逃さないように販促をして、総売り上げを大幅に上げる、という図式にはならない。

このように小売業態を対比することで、家電量販が都市型と地方で、集客の仕方や売り方（≒投入コスト要素）が異なることがよりクリアになったと思う。

ところで、業態特性と経済メカニズムを無視した、プロの軽率な発言に出くわしたことがある。

都市型とロードサイドの両方のタイプの量販店を保有する業績不振の企業に関与したときである。あるコンサルタントが、店舗別の指標分析結果を見て、「都市部の店舗が総じて人件費比率が高すぎる。人を減らすべきだ。それが足を引っ張っている」との発言が始まったのを覚えている。実際には、都市部の複数店舗の業績不振は、他の理由（マクロの立地としての集客力の低下や近隣の競争激化など）によるという結果だったのだが。

ここでは、小売業態を取り上げたが、購買行動、立地や業態など事業モデル、これらの個別要素を、経済的視点で捉え直し、分析してみること。意外と、事業として成立しうるストライクゾーンは狭いので、実態を解き明かさずに、表面的分析や思い込みで判断をすると火傷をすることになりかねないので注意。

IGPI流チェックポイント19

同じ事業のように見えても、購買行動、立地、業態などによって経済構造は異なり、重要な経済指標も違ってくる。「違いのわかる」分析者になれ。

コラム

広域展開する家電量販店はなぜ強いか?(価格交渉力)

そもそもヤマダ電機などのように、地方のロードサイドを含めて広域に多店舗展開している家電量販店はなぜ強いのか。

業界の売り上げランキングの上位3社は、1位のヤマダ電機、2位のエディオン(九州・中国地方のデオデオ+中部地方のエイデン+近畿地方のミドリ)、3位のケーズHD(ケーズデンキ)。多店舗展開や合併によって企業規模を拡大している。

家電量販店はもともとコンビニと比べて共有コストが薄い。また、物流費の売り上げに占める比率はコンビニよりもかなり低く、特定エリアへの集中出店による密度の経済性はさほど効かない。つまり、コンビニに比べて、規模の経済性や密度の経済性によるメリットを家電量販は享受しにくい。では、なぜ規模拡大をしながら成功しているのか？

バイイングパワー（価格交渉力）が経済的に大きく効いているのである。

なお、バイイングパワー自体は、代表的な「規模が大きくなることによって、得られるメリット」のひとつではあるが、本来の意味での「規模の経済」には含まれない。狭義の規模の経済というのは、数量が増えると単価が下がる、共有コストが薄まるという効果を指す。バイイングパワーは、あくまで仕入れコストを下げる交渉力の問題である。

日本国内では、少子高齢化と人口減少で需要が縮小している中で、多くの家電メーカーが過当競争を続けている。強い販売力（市場支配力）を持つ家電量販店の、バイイングパワー（価格交渉力）は劇的な効果を持つ。

日本の量販店は、こうして多数のメーカーをつねに競わせ、有利な条件を引き出すゲームをやっているため、品揃えも豊富で、ほとんどのメーカーのほとんどの商品が店頭に並ぶことになる。

しかしこれは必ずしも万国共通ではない。米国のディスカウント業態のもうひとつの代表格であるウォルマートは、むしろサプライヤーを絞り込んだうえで、特定品種を大量生産させて「規模の経済」でコストを下げさせる方法も取り入れている。そのコストメリットでディスカウント販売し、利潤をサプライヤーとウォルマートで分け合うシステムをうまく使っている。だから米国のこの手の店では特定の商品カテゴリー、たとえば家電製品に限った店頭の品揃えはあまり豊富ではない。要は同じディスカウント量販店といっても、経済構造が異なるのだ。

背景にある社会や産業の構造が異なれば、事業の経済モデルも異なってくる。それを理解せずに、欧米の小売業態を「先進的」なものと信じ込んで日本に持ってきて、大失敗に終わっているケースは、実はものすごくたくさんある。

複数の企業や事業部が集中購買を行うなど、バイイングパワーの強化によって仕入れコストを下げるのは、規模を梃子にしたコスト優位をつくる代表的な戦略のひとつである。しかし、その有効性は売り手側の産業構造や需給の逼迫度といった、外部環境との相対関係で大きく変わってくる。ここでも、商売の実態、業務の実態、売り手業界の実態や力関係を、個別具体的に把握することが、経営分析の基本動作となる。

Get knowledge
to acquire intelligence.

PHPビジネス新書

PHP研究所

知っているようで知らない
ビジネス英単語

questionnaire

●アンケート(用紙)

カタカナ語なのでそのまま英語として通用するかと思うと、実は通用しないという単語は多いが、これもその一つ。アンケートはフランス語(enquête)が語源らしい。アンケート調査そのものはsurveyという。

questionnaire

やはり大事なのはリアリズムなのだ。

20 普及するほど価値が高まる製品・サービスがある

顧客にとっての価値を高めることで勝つパターン

これまでの話は、製品やサービスを提供する側のコストの問題を中心に、持続的に収益を上げ、競争に勝ち抜くパターンとその分析に関するポイントについてだった。ここからは、価格、売り上げに関わる「価値」サイドの問題の中で、経済構造的に勝ちパターンをつくっていく話をしようと思う。

価格や売り上げは、競争相手、顧客（ユーザー）という、自社の外側の人々の出方に大きく規定される。しかし、いずれも経済行為として市場競争に関わっている以上、その行動の背景には「経済性」のメカニズムがやはり働いている。

これを、顧客（ユーザー）エコノミクスという。

顧客が、ほぼ純粋に経済的な動機づけでものやサービスを買っているBtoBビジネスにおいて、その行動様式が顧客自身に関わる経済性に規定されることは当然である。

他方、BtoCビジネスにおいては、どうしても感性の問題や、流行、トレンドといった要素が目立ち、地道な経済的分析は軽視されがちである。

しかし、経験を重ねてくると、この領域でも、構造的、普遍的な要素として、やはり「経済性」に関わる要因がわかってくる。すでに、家電量販店とスーパーマーケットにおいて、顧客エコノミクスの視点での分析を紹介したが、購買意思決定には購入者にとっての経済的に合理的な行動を必ず伴う。

また、一見、流行もの商売に見える欧州のブランドビジネスも、実は非常に緻密に計算された、供給調整と価格維持によって、高価格と高ブランドイメージを、世界的レベルで長年維持することに成功している。やはりあらゆる領域で、経済性の問題は、通奏低音のように響き続けているのだ。

競争相手の内部的な経済性に関わる問題は、ここまで述べてきた自社のコストサイドの競争力、勝ちパターンの裏返しで考えてもらえればＯＫ。だからここから先では、ユーザーサイドにおける経済性（価値とコスト）に関わる議論を中心に話を進める。

コストサイドの競争力が同等の会社が複数いる場合、このユーザーサイドから見た商品やサービスの価値を、構造的に高めることに成功した会社が、競争に打ち勝つことになる。そこでどんな勝ちパターンがあるのか、それを見極めるために、どんな経済要素に着目して経営分析をすればいいのかを、具体例を使いながら紹介していきたい。

予測を裏切って高い普及率になったケータイ

商品やサービスの普及率によって、そこに働く経済メカニズムに違いが生じるビジネスがある。

今でこそ1人1台が当たり前、スマホ（スマートフォン）とガラケー（ガラパゴスケータイ）の2台持ちも珍しくなくなったケータイ（携帯電話）だが、最初からそのような状況を予測していた業界識者は皆無だった。

1990年代半ば、まだケータイの普及率が数%程度にすぎなかった頃、日本市場の普及は5年や10年経っても1000万台前後と言われていた。当時のケータイ先進国であった北欧の普及率が10%いくかいかないかの時期である。

北欧には公衆電話があまりなく、自動車移動が多く、冬は寒いので、外で電話をかけない。だからケータイを使う人は多い。一方で日本はどれも当てはまらないから、ケータイを使う人はそんなに増えないだろうと、日本の複数の著名な総合研究所のレポートに堂々と書かれていた。

そのような分析結果もあってか、その頃に新規参入をしたケータイの地域各社は、投資リスクを抑制すべく、基地局を広域に設置することについて慎重だった（都市部を除くと、使えないところが至るところにあった）。

当時、我々は1994年に携帯電話会社が増えていくタイミングで、新規参入企業に関与していた。今後の市場性についても分析をしていて、ケータイの普及の「限界」についての定性的で感覚的な分析について懐疑的な見方をしていた。

ケータイというのは、商品機能単体の価値（通話品質、ケータイの機能など）に加えて、普及率が高まるほど利用者の利便性という商品の価値が高まっていく。そのような特性を持つ事業だとの見立てをしていたからである。コスト負担の低減などの一定の条件が整えば、加入者が1000万台で頭打ちなどということはなく、むしろ加入者が加速度的に増えていく。その前提での事業戦略を組み立てるべきと提言していた。

今、仕事つながりでも友人でも連絡を取り合っている相手先のうち、仮に10名に1名しか携帯を持っていなかったとしたら……、その不便さと現在の誰にでも連絡できる便利さを対比することで、保有する人が増えることの価値は直感的にわかるはずである。

さて、加入者が増えれば増えるほど利用価値が高まり、加入者がさらに増えていくという経済メカニズムを「ネットワークの外部性」と言うが、加入者を増やすためにどのような展開になっていったのか話を進めよう。

「0円ケータイ」登場の理由

我々は、当時、多変量解析によって普及率を規定する要因分析をしている。これについても今から見るとウソだらけの諸説があったが、ケータイの加入時のコストや利用料金が、その当時の国ごとの普及率格差をかなり説明していることが明らかになる。要は、加入者の経済的負担が下がれば、普及を加速させるということだ。

一度加入すると他社に契約し直すのは、当時は電話番号も変わり面倒だし、コスト負担もある（スイッチングコストという概念は後ほど説明）。それを背景にして、ケータイの通話エリアを積極的に広げ、加入時の負担と利用料金を下げて、加入者を獲得していく戦略へと大きく舵を切っていった。その値下げ競争が激化していき「0円ケータイ」が生まれたのである。

今は、気候とか公衆電話の普及率などの理由で、ケータイの普及が頭打ちになったとは誰も言わないだろうが、当時は、通話エリアの拡大と顧客獲得の投資を控え目にしたために加入者増が大幅に遅れた会社もあった。売り上げサイドについて、ユーザーの経済的メカニズムの分析により、「普及がさらなる普及を呼ぶネットワークの外部性のメカニズム」を見抜けたかどうか、さらにリスクをとって顧客獲得を全力でやる意思決定につなげられたかどうかによって、各地域での会社間の明暗が分かれていったのである。

すでに高い普及率になっている携帯電話事業を振り返ってみたが、ネットワークの外部性が働く事業は他にもいろいろある。フェイスブックなどのソーシャルネットワーキングサービス、ソーシャルゲームがその代表だろう。情報共有や対話、遊び相手が増えるほど、面白くなる（≒製品・サービスの価値が高まる）メカニズムを持つ事業だからである。

IGPI流チェックポイント20

普及するほど利用価値が高まるネットワーク型の商品・サービスの場合、リスクをとって全速力でシェアをとりにいくことが正しい行動となる。先手必勝！

コラム

n(n-1)/2の魔法(ネットワークの外部性)

囲い込んでいる顧客の数自体が増えることで、顧客にとっての価値が増す経済構造、「ネットワークの外部性」について、少し詳しく説明しておく。これは、現代のモバイル&インターネットベースのビジネス領域において、きわめて重大な経済法則だからだ。

議論に入る前にひとつ問題。異なるn人が2人ずつ組み合わせをつくる場合の、組み合わせの数はいくつでしょうか?

答えは、n(n−1)/2。n=4人なら6通り、5人なら10通り、n=100人なら4950通りとなる。

さて、これを、ケータイなどネットワーク型のサービスに当てはめてみよう。

100人超のお互い知り合い同士のコミュニティ(同じ会社の社員でもいい)にあなたが属していたとする。あなたが4人目のユーザーなら3人と通話できる(残りの96人にはつながらない)。あなたが100人目に加入したとすると、通話できる相手は初めから99人になる。

では、ケータイネットワーク全体としてはどうか。4人しかケータイを持っていないときは、ケータイ同士がつながる（n＝4人のときの2人ずつの組み合わせ）のは6通りしかないが、100人なら4950通りの通話パターンがある。すなわち、ケータイネットワークのユーザーが100人のときは、4人と比べて、825倍（＝4950÷6）の便益を提供可能にしている。

持っているケータイのハード・ソフトの機能（便益）は変わらないが、通話先の総数という便益が飛躍的に増加している。これが、ネットワーク型のサービスにおいて、「普及すればするほど、利用価値が高まる」の「ネットワークの外部性」のメカニズムだ。数が増えていくと、数の二乗で価値が高まっている。魔法の法則である。

冒頭で、モバイル＆ネットのビジネス領域では大切な概念と書いたが、フェイスブックなどのソーシャルネットワーキングサービス、ソーシャルゲームにおいては、囲い込んでいる利用者が多ければ多いほど、そのサービス自体の価値が高まるため、後ほど説明するスイッチングコストが高まるというメカニズムが働く。数多くの利用者が固定化されれば、そこに広告宣伝効果を期待する企業も集まるし、他の商売の展開

組み合わせの数

$$\text{組み合わせの数}=\frac{n(n-1)}{2}$$

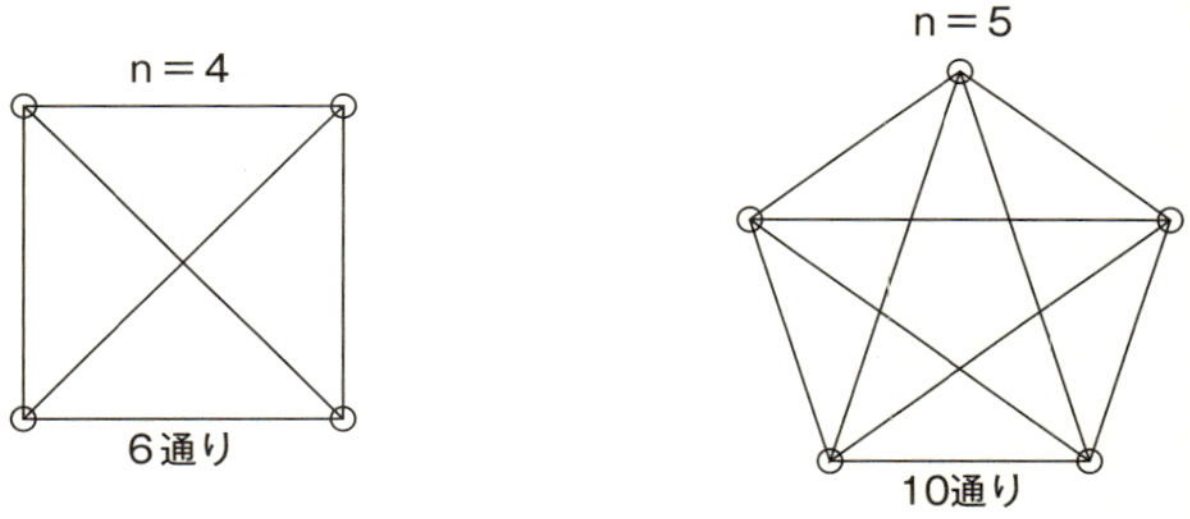

もしやすい。

２００８年頃、フェイスブック創設者で最高経営責任者のザッカーバーグ氏が、「当面、日本では広告は限定的。まずは使ってもらうことが先決。日本ユーザーコミュニティが立ち上がれば、収入機会である広告についても考えていきたい」とのコメントを出している。ユーザー数を増やすことによって、まずはサービスの価値を上げ、大きくなったところで収益機会を乗せていく方針である。

他社に先駆けてユーザーを集め、ユーザー数の多さが新規のユーザー数を呼び込むメカニズム（ネットワークの外部性）を効かせること、それがこの世界では重要なのだ。

21 ケータイが普及した後の勝負はどうなっていったのか？

新規獲得よりも既存顧客に注力

新規参入した携帯電話会社は特に、加入者獲得競争に負けないために、多額の販売奨励金を販売代理店に支払っていた。ケータイの契約あたり、さまざまな名目を足すと10万円弱にも達している場合もあり、0円ケータイもよく見かけた。早く加入者を増やすということでは超低額での加入者獲得は手っ取り早い手法だからである。

だが今は、0円ケータイは世の中から消えている、なぜなのか？

ここで、携帯電話会社の加入者あたりの投資回収メカニズムについて触れておこう。

ケータイの端末分と販売奨励金分を携帯電話会社が負担し、月額の基本料や各種利用料によって回収、利益を上げるというのが加入者あたりの投資回収モデルである。携帯電話会社は、ネットワークの投資やシステムコストがかかるが、その投資負担・コスト負担分も、加入者からの収益でまかなっていく必要がある。

投資回収を終える前に、多くの加入者が解約してしまったら、事業が成り立たないことになる。他社に先駆けて加入者を獲得するつもりが、他社に簡単に乗り換えられる、あるいは、自社の契約を途中で解約して、新規で契約されてしまったらどうなるだろうか。予定していた投資回収のモデルは崩れてしまう。

実際、0円ケータイがあった頃には、「そろそろ買い替えませんか？」という営業スタイルをとる代理店も多かった。「機種を新しくするより、いったん解約して、もう一度新規加入していただいたほうがお得です」というセールストークで、解約されてしまうケースが増えていた。他社に先駆けての顧客獲得のメリットよりも、投資回収モデルが崩れてしまうリスク（デメリット）のほうが大きくなっていったのである。

このような背景があって、販売奨励金の抑制や料金プランも工夫され、解約を誘発する0円ケータイが消えていったのである。

なお、2006年10月に、番号ポータビリティ（携帯電話会社を変えても電話番号は同じ）が導入され、乗り換えもしやすくなっている一方で、各社ともに長期契約や家族割引などを積極展開することで契約の長期化を確実にしている。市場の成熟によって、膨大な数の加入者を持つ携帯電話会社は、フロー（新規獲得）よりもストック（既存顧客）へと、注力する矛先が変わっていったのである。

また、契約期間の長期化だけでなく、さまざまなサービスやアプリケーションによって、加入者あたりの収入をいかにして維持・増加するかも重要テーマになっていった。インダストリーとして、ケータイはひとつの成熟期を迎えていた。

生命保険会社にも似たストーリー

ここに来て大きな変化が起きている。

ソフトバンクが先鞭を切り、2008年7月に「iPhone」を日本で発売したことから始まるスマホの普及である。

それまで、ソフトバンクは、ネット機能付きのケータイ（あくまで電話が主）においては、将来の収益を生み出す累積の加入者数でドコモに大きく水をあけられていた。また、震災でも一部では話題になったように、ネットワーク品質でも差があり、加入者数の大きな挽回は、携帯「電話」における戦いでは難しく、競争を流動化させる手立てを考えていたはずである。

当時の孫正義社長のコメントがそれを示している。「携帯3社とも似たり寄ったりの端末が出ていて、価格勝負みたいなところがあった」と語っている。

携帯「電話」が成熟しつつある中で、加入者ストックが多いドコモからすると競争が流動化しないほうがよく、あえて、初期不良などの潜在リスクを抱えるiPhoneに、真っ先に飛びつくのは躊躇があったに違いない。また、アップルからの条件も厳しいものだったのではないかとの憶測もある。

ドコモに対するチャレンジャーとしてのソフトバンクは、iPhoneに賭ける意思決定をする。

電話から、「ネット主体の端末」へ、さらには、iPhoneという他社にはない魅力的なハードを武器にするという、いわば、新しい事業モデルで切り込んでいったのである。

現在、スマホの普及によって、2台持ちも当たり前という世の中に変わってきている。

ちなみに、2011年4月時点で日本のケータイ加入者は、1億2000万件を突破した。ドコモが約6000万台、ａｕが約3400万台、ソフトバンクが約2700万台という構成である。

携帯「電話」から「スマホ」へと変わっていくこの事例は、ひとつの製品市場が成熟化する中で、次のイノベーションが新しい市場を形成していくこと、その変化点における競争ポジションによって、各社の戦略が異なることを示している。

ここまでケータイの話をしたが、生命保険会社にもとても似たストーリーがある。私たちは、過去にある生命保険会社に関わっていた。そのときのテーマは、「契約顧客の分析を通じての解約メカニズムの解明と契約長期化の方策の導出」であった。まったく違う業界ではあるが、ストック型の成熟したビジネスをやっている生命保険会社も、保有契約の長期化の課題で頭を痛めていたのである。携帯電話会社でやっていた各種分析手法やさまざまな打ち手について類似性があったことは言うまでもない。

また、成熟した生保業界で新たに競争の流動化が起きている。ライフネット生命などが、軽い事業構造をベースにした新しい事業モデル（低価格＋プルマーケティング）で大手生命保険会社に対して競争をしかけているのだ。ソーシャルネットワークなどの普及によって口コミ評判が形成しやすい環境になったことも追い風になって、顧客蓄積や重たい事業資産がないから（持たざるものの強み）とれる戦略である。

IGPI流チェックポイント21

イノベーションなどによって、市場の創造〜成長〜成熟は繰り返される。分岐点における競争ポジションによって個別企業のとるべき戦略も変わる。経営分析でもそのダイナミズムを見極めないとならない。

22 スイッチングコストが高い事業は高収益を生む

「このブランドのバッグだから欲しい」

顧客エコノミクスの分析の際のキーワードのひとつに、「スイッチングコスト」がある。

スイッチングコストとは、現在利用している商品やサービスから、他の商品サービスに乗り換えるときに、利用者が追加的に支払う負担（経済的負担のみならず、心理的な負担も）のことを言う。

身近な例では、航空会社がマイレージをつけるのも、家電量販店がポイントをサービスするのも、スイッチングコストを上げるためだ。サービス内容や商品ではそれほど差別化できないので、利用するほどたまるマイレージやポイントなどで顧客を囲い込む。そうしないと、価格競争に巻き込まれてしまうからでもある。

たとえば基礎化粧品などはスイッチングコストが高い。肌を痛めてしまうかもしれないという心理的な不安もあって、単純に価格が安いからという理由で別の商品に乗り換える人は多くない。だからけっこう利幅がとれるのだ。

ブランドというのも、心理的なスイッチングコストが高い状態をつくり出す。このブランドのバッグだから欲しいのであって、バッグであれば他のでもいいというのとは違う。

BtoBビジネスでも、スイッチングコストは特に重要な概念なので、産業機械の業界を例にして少し掘り下げよう。

ファナックなど産業機械メーカーでは高収益を上げている企業が少なくない。なぜか。

産業機械メーカーは、たとえば、テレビの製造ラインにある各種の製造機械部品や制御機器を、テレビのメーカーの都合に合わせて提供している。つまり、顧客企業から見ると、生産に関わる経済性（品質、スピード、コスト）に産業機械メーカーは大きな影響を与えていることになる。

では、ある産業機械を導入している企業が、他の産業機械にスイッチするときに、どんな追加負担が発生するのか？

企業が導入済みの産業機械を他に置き換えるためには、移管に直接かかる費用負担、それに関わる手間、置き換えた後に起きるかもしれない製品不良などのリスク、メンテナンス体制を切り替えるための手間、さらには、「今は大丈夫なのになぜ置き換えるのだ」という社内の空気を変えるための担当者のエネルギーなど、さまざまな追加コストを支払う必要がある。

これらから、きわめて高いスイッチングコストが生じていることがわかる。産業機械メーカーでうまくやっている会社は、この顧客企業のスイッチングコストの高さを利用して顧客囲い込みに成功しているのである。

「シリコンバレー」と「駅ナカ」の共通点

スイッチングコストが高いということは、局所的に独占に近い状態を生み出していると言える。競合他社からすると、その領域に参入するためのハードルが高く、また、顧客側からすると、別のベンダーに切り替えると手間もお金もかかるので、二の足を踏まざるを得ない。

顧客が別の商品に簡単にスイッチできないということは、価格競争から逃れられるだけでなく、価格をつり上げることすらできる可能性がある。

いわゆる高収益企業は規模の経済が効いている場合よりも、スイッチングコストを高め、独占または寡占的な状況をつくることに成功している場合のほうが多い。競合密度がきわめて低いために（顧客から見て選択肢がとても少ない、あるいは、局所的に独占状態になっている）、供給サイドに価格支配力が生まれているのである。

シリコンバレーの会社はすぐにそういうモードに入っていこうとする。マイクロソフトもそれで成功した会社である。アップルも昔はあれだけマイクロソフトを批判していたのに、自分が同じ立場に立ったとたん、特許訴訟を起こして商売敵を排除しようと必死になっている。そこが利益の源泉だと本能的にわかっているからだ。独占に近い状態を生み出して、スイッチングコストを高くして、顧客から選択肢を奪うことで、自分たちの言い値が通るようになる。

同じようなことは、実は、さまざまな業種に当てはまる。立地商売も同じで、その立地を独占しているから商売になる。駅ナカが典型で、他のお店は入りたくても入れない。そうなると、賃料は当然高く設定できる。

鉄道会社もスイッチできない。近隣住民にとっては、他に選択の余地がないわけだから、大都市の私鉄は経営が安定している。ただ、制度的に独占になっているものについては、総括原価方式で規制が入る。だから、運賃を勝手に上げることはできないようになっている。

コストサイドで規模の経済が働いていて、なおかつ、顧客から見たときのスイッチングコストが高い商材の場合は、圧倒的な勝利を手にできる。独占禁止法の適用対象となることを逃れつつ、事実上の独占に近い状態、他にスイッチできない状態をつくり出せるビジネスである。

一時期のマイクロソフトがそうだった。

ＯＳは一度開発してしまえば、物流コストがたいしてかからないにもかかわらず、スイッチングコストは非常に高い。使い慣れたウィンドウズから別のＯＳに切り替えることがいかに難しいかは、未だに多くの企業で古いバージョンのウィンドウズＸＰが使われていることでも証明されている。

圧倒的に普及したマイクロソフトに対抗するには、リナックスのようにソースコードをオープンにして、タダでつくるしか方法がなかった。ふつうに1社で真面目にOSを開発しようにも、開発コストが巨大で回収できる見込みが立たない。今さらマイクロソフトにかなわないと思って、オープンソースに流れていったという経緯である。

マイクロソフトの前は、IBMがそうだった。IBMが汎用パッケージのソフトウェアではなく、すべてテーラーメイドでソフトを提供していたのは、スイッチングコストの高さが理由である。いったん自社用の独自ソフトを開発してしまえば、別のベンダーに切り替えるのは容易ではない。

価格実現力を高める、最もシンプルで普遍的な方法は、事実上、顧客から他の選択肢を奪うことである。経済的なスイッチングコストを上げることは、その代表的な方法である。いわゆるブランドビジネスも、ユーザーの心理的スイッチングコストを高くすることで、高価格の商品やサービスを繰り返し購入してもらっている戦略モデルという見方ができる。

いずれにせよ、独禁法違反にならないやり方で、いかに競争密度を下げ（さまざまな局面で、事実上の独占状態をつくり出し）、価格競争に陥りにくい状態をつくり出すか。そういうゲームなのである。

IGPI流チェックポイント22

顧客が他社製品に乗り換えるスイッチングコストを高めることは、提供「価値」を「適正価格」として実現する基本中の基本戦略。顧客サイドの経済性を分析せよ。

コラム

銀座の老舗はなぜ生き残っているのか（立地ビジネス）

銀座には、世界的な大手ブランドメーカーの直営店が次々と出店している。大手百貨店も古くから軒を連ねる。

ところが、こうした大資本が居並ぶ中で、昔からの老舗もたくさん生き残っている。その中には、アパレル、宝石、バッグ・小物店など、こうした大資本の会社と、形式上、もろに競合するビジネスも少なくない。資本力、マーケティング力において圧倒的に不利なはずの老舗群がなぜ生き残れるのか。

一言で言えば、銀座という立地にはるか昔に店を出し、その地で顧客との長い信頼関係を築き上げてきたからということに尽きる。

銀座は日本でも有数の商業集積地であり、しかもハイエンド顧客の集客力を有している。そこで昔から商売しているということは、集客においても有利だし、店のブランド力（≒価格実現力・リピート力）を高める効果もある。加えて、老舗は自社不動産をはるか昔、地価が安い時代に手に入れている。

本来、こうした立地付加価値は不動産のコストに跳ね返ってくる（最近、進出した大手資本は、このコストを支払わなければならない）が、その負担も低い。だから、あれだけの大手出店ラッシュの中でも、多くの老舗が生き残っていくのだ。

一般に、立地によって売り上げ（価値）や収益（コスト）が大きく影響を受けるビジネスは、このような小売や外食、あるいは賃貸ビルのような不動産関係をイメージしがちだが、産業材、生産財でも立地が圧倒的にものを言うビジネスも存在する。

たとえば、鉄鋼メーカーは高炉と電炉では事業モデルが違うという話は第1章でしたが、都市近郊型の電炉メーカーも銀座の老舗と同じく立地ビジネス型の事業モデルである。棒鋼は生産財なので、立地条件は価値サイドに大きく寄与はしないが、消費地に近いところで生産したほうが物流費が安いなど、コストサイドでは効いてくるパターンである。また、電炉メーカーと同じように、立地に大きな影響を受ける業種に、生コンクリートのセメント工場がある。

生コンクリートはつくった瞬間にどんどん固まっていく。だから、消費地（マンションなどの建設現場）に近いところに立地するのが最も効率がいい。たとえば、群馬県でつくったセメントを東京まで運ぶくらいなら、初めから東京でつくってしまえばいい。都会の真ん中に突如としてセメント工場が現れるのは、そのためである。

立地ビジネスは、広い意味での「密度の経済」が働くビジネスの一類型と言うこともできる。要は、あるピンポイントの立地でビジネスを行うことで、その周辺の密度を支配できるような業態のビジネスが、世の中にはけっこうたくさんあるということだ。

立地ビジネスにおいては、顧客密度（≒売り上げ）の、またある場合は業務密度（≒コスト効率）の大半が、立地そのものによって決まってしまう。他の競争要因は、ほとんどかすんでしまうのだ。そこでは、先にその立地を占有してしまうと、後発プレーヤーはきわめて不利な立場になる。

23 下請け工場と自前で商売している工場の違いとは？

ROSの高低を議論しても意味がない

一見同じように見える町工場でも、いわゆる典型的な系列取引の末端下請け工場もあれば、ほとんど100％自分のブランドでさまざまな取引先に汎用品を売っている自立した工場もある。設備はほとんど同じでも、下請け工場と、開発も生産も営業も全部自社でやっている会社では内実はまったく違う。

開発と生産と販売という製造業の3要素を、すべて自前でコントロールしている企業のROS（売上高利益率）が2〜3％しかないというのは非常に危険だ。もっと利益を厚くとって、ROSが10〜20％になるように持っていかないと危ない。

ところが、系列取引の末端にいる工場のROSが20％というのはあり得ない。元請けに完全にコントロールされていて、生かさず殺さずで、みんなで利益を分け合ってやっているから、たとえROSが2％でも成り立つのだ。

下請け工場にとって大事なのは、利益の厚みよりもむしろその取引がこれからも続いていくかどうかである。系列取引の継続性が最大の関心事となると、下請けの経営分析をしても実はあまり意味はなく、元請けの経営分析をする必要が出てくる。元請けが潰れてしまったら、元も子もないからだ。

町工場の規模で、トヨタのような大メーカーと直取引していることはまずないから、間に数社入っている。間に入っている企業が潰れてしまったら、連鎖倒産してしまうかもしれない。そうなると、最初から上の会社を調べたほうが早い。そういう下請け企業に対して、一律にROSが高い低いという議論をしても意味がない。

系列取引の場合は、ある種の「総括原価方式」により、系列企業全体で利益を割り振ることになっているので、「原価がいくらで、そこに何％の利益を乗せて売る」という計算がそもそも成り立たない。そういう価格交渉もしない。

元請けから「この部品を10円で売ってほしい」と指示があれば、その範囲でつくることが大前提である。何とか原価が合うように努力して、決まった納期に決まった価格で納品している限りは、次の仕事も来るはずだという暗黙の契約（黙契）で、商売が成り立っている。

元請けが経営に失敗して生産を縮小したり、元請けの海外移転に伴って国内の下請け工場に仕事が回ってこなくなったり、あるいは、下請け側の問題で欠品が出たり、コスト対応できなくなったりすると、取引が終了してしまう。下請け企業には経営分析よりもむしろ欠損品管理、品質管理のほうが重要であることも多い。

トヨタが経営効率を高められたわけ

日本的な系列の重層構造は、米国の自動車産業に対抗する形で登場した。かつてのGMなど米国の自動車産業は完全な垂直統合モデル。日本は、自社ですべてをまかなわずに系列化して、セミオープンな垂直統合モデルで米国の製造業を駆逐していった。

系列取引によって、トヨタ自動車は自社の管理スコープが大きくなりすぎることを防ぐことができた。組織が巨大化すると、自社で完全にコントロールできる規模を超えてしまう。大きすぎる組織は必ず崩壊する。トヨタが売り上げ規模のわりにはグループ社員を増やさずに済んだのは、系列取引があったからだ。それがトヨタの経営効率を高めてきたのは間違いない。

オープンマーケットとクローズドな取引のいいとこ取りをしたのが系列取引だ。すべてを自社でまかなうわけではないので、組織の肥大化を防ぎ、在庫リスクが下がる一方で、垂直統合的なコンカレントエンジニアリング、つまり設計段階から情報を共有し合うことで、ある種の共同作業が可能になる。ややこしい価格交渉も省ける。

部品や素材の仕入れをオープンマーケットに頼る場合、仕様を完全に固めないと発注できない。あるいは、既製品を組み合わせてモノをつくらざるを得ないから、開発の自由度も制約を受ける。日本的な「すり合わせ」は、クローズドな系列取引だからこそ、その威力を発揮する。

レイヤーの中で儲かるデンソー

かつてはそれでよかったのだが、世界の産業構造は今や水平分業モデルが主流になってきた。電機の世界はすでに完全に水平分業型になっている。そうなると、あるコンポーネントに特化したグローバル企業が登場する。

系列取引では、下に行けば行くほど規模が小さくなっていく。だが、同じような部品を100万個つくって、圧倒的にマーケットシェアを握っているようなグローバル企業が出てくると、下請けの町工場がどんなに涙ぐましい努力でコストダウンしてもまったく歯が立たない。系列取引でようやく1万個納品している町工場が逆立ちしてもかなわない状況ができてしまう。

垂直統合と水平分業のどちらがいいかというのは、産業の発展段階による。ただ、電機はすでに水平分業に移った。同じ半導体メーカーでも、パソコン向けのCPUをつくっているインテルは儲かっているのに、自動車向けの半導体をつくっているルネサスエレクトロニクスはそれほど儲かっていないという事実を考える必要がある。

自動車の中でもエンジンや駆動系は今でも垂直統合のすり合わせの世界だが、電気系はものすごい勢いで水平分業が進んでいる。電気自動車になるとエンジンはいらないから、自動車産業も水平分業が進む可能性が高い。そうなると、部品メーカーも系列の下請けで甘んじるのではなく、系列を離れて、グローバルなレベルで全方位外交を展開する必要がある。

水平分業モデルでは、最終製品を組み立てるメーカーよりも、水平のレイヤーの中で高いマーケットシェアを持つ企業、あるコンポーネントで圧倒的な競争力を持つ企業のほうが儲かる構図になる。現に、今はトヨタよりもデンソーのほうが利益率が高くなっている。トヨタの2011年3月期の営業利益率は2・47%、同じ時期のデンソーの営業利益率は6・01%である。

経営分析では、そういう時代の大きな流れも視野に入っていないといけない。そうすると、たとえば、100%系列にぶら下がっている企業と、100%自力で販売している企業を比べたときに、前者はそれだけで危険だとわかる。

だから、コンポーネントメーカーでは、系列取引が何%あって、それ以外の非系列のオープン取引が何%あるかというのが大事な指標となる。たとえば、A社は50対50、B社は70対30といった具合だ。

だが、系列取引を減らして、オープン取引を増やしていこうといっても、100対0の状態からいきなり0対100にはいけない。よほど資金に余裕があればいいが、たいていは死ぬような思いをしないと、簡単には移行できない。移行途中で注文がゼロになったら、倒産してしまうかもしれない。だから、現実には少しずつシフトしていく。

すでにオープン取引が100%になっている企業の物語を聞くと、たいてい大きな元請けが潰れたとか、オイルショックで仕事がなくなったとか、そういう危機的状況をバネにして、必死に努力した結果、現在に至っている。「このまま下請けをやっていても生きていけない」と腹を括って、這いつくばりながら営業活動を展開して、直接ユーザーと取引するようになったという話がよくあるのだ。

自動車の下請けをやめて医療関係の精密機器をつくるようになったとか、そういう物語は調べればいくらでも出てくる。系列の中で安住できる時代はもう過去のものということだ。

IGPI流チェックポイント23

見た目は同じ工場でも、系列取引の割合を見極めないと、経営の実態に近づくことはできない。BtoBのビジネスでは、このような産業構造的な視点からの経営分析を忘れるな。

24 インダストリー・バリューチェーンの中でどこに位置しているか

黎明期か、成長途上か、成熟段階か

もうひとつ、企業の経営状態を見るときに気をつけておきたいのは、産業全体でその企業はどこに位置しているのかということ。川上から川下までの企業が事業としてつながってできている産業全体のバリューチェーン（インダストリー・バリューチェーン）の中での

位置づけである。

サプライチェーンというと、一般にメーカーの原材料や部品の調達から顧客への納入までの機能連鎖を指すが、インダストリー・バリューチェーンといった場合は、産業全体において、主要コンポーネントのR&D、原材料調達といった川上から、最終製品の組立メーカー、小売、サービスという川下までの一連の事業の連鎖を指す。

たとえば、パソコンのインダストリー・バリューチェーンなら、CPUやユーザーインターフェースである液晶画面、マウス、タッチパッドなどのキーコンポーネント開発を握る企業があって、総合メーカーが組み立て、家電量販店などを経由して売られ、インターネット上のサービスやソフトウェアを通じてユーザーにさまざまな利便性が提供される一連の事業の連鎖のことを言う。

まず、分析上重要な視点のひとつ目は、このインダストリー・バリューチェーン全体が黎明期なのか、成長途上にあるのか、成熟段階にあるのか、それとも他の代替製品・サービスによって、消え去る運命にあるのか、である。LED照明はしばらく伸びそうだけれども、液晶テレビはすでに成熟期に入りつつあり、DVDプレーヤー市場はもはや終焉を迎えつつあるという具合に、である。

ガラパゴスという言葉を生んだ携帯電話機について考察してみよう。携帯電話機というのは、通話・通信、カメラ、ワンセグテレビ、音楽、各種アプリケーションを、あの小さな一台に搭載しネットワークと連動させながら、小さな電池で駆動させている。

それらの機能と各種サービスをうまく詰め込むために、初期段階では、携帯電話メーカーは、携帯電話会社と共同開発をしながら、個別の部品コンポーネントをうまく実装させ、ネットワーク側ともリンクさせ、新しい機能・サービスを次々に生み出していった。

実際に、携帯電話会社の研究所には各メーカーが机を並べて創意工夫を繰り返し、端末機能・実現サービスでは、世界のトップを走り続けていた。逆に、海外の携帯が、ダサクて、機能も最低限しかなくて、という時代（2000年の頃までだろうか）があったのである。

これを、パソコンなど、どのメーカーでもやる気になればすぐに参入できる「モジュール」を集めてきて組み立てる「水平分業型」製品と比較してみると、インダストリー・バリューチェーンの進化がクリアになる。

あのきわめて高機能の携帯電話機とサービスは、インダストリー全体で携帯電話会社がリードして各社が「すり合わせ」をしていく垂直統合型の事業モデルによってつくり出された。

では、産業（製品・サービス）が成熟してくるとどうなるか。垂直統合型で各専門家がすり合わせをしながら、最終製品・サービスの価値向上をしていっても、顧客が認知する価値の増分が減っていく。使う機能は十分に備わっているから、特に不満はないという状態だ。それと同時に、インダストリー・バリューチェーンの各領域を担う個別企業の効率化追求（規模効果が効く領域であれば、規模の追求によってコストが圧倒的に低下）が実を結び始める。あるコンポーネントに特化したグローバル企業が登場するのだ。

また、ある領域においてイノベーションが起こり、各社がそれを採用したほうが機能・コスト面で経済的に妥当となる場合も出てくる。こうなってくると、わざわざ複数のプレーヤーが集まってすり合わせをした製品よりも、気の利いた誰かが安くていい部品を組み合わせて完成させた製品のほうが、コスト対品質で上回ってしまうことが起きてくる。

インダストリー・バリューチェーンの成熟化と、各領域での特化プレーヤーの台頭によって、垂直統合型のモデルが分解され、水平分業へとインダストリー自体が変わっていくのである。今では、ケータイ・スマホは、パソコンと同様に、モジュールを集めてきて組み立てる「水平分業型」へと変化している。

ユニクロは「垂直統合型モデル」

水平分業から垂直統合に変化した例もある。ユニクロなどのＳＰＡ（製造小売業）がそうである。ファッション業界では、１年を４つのサイクル（季節）に分けて企画し、製造元へ一定ロットをまとめて発注、買い取った衣服を店頭で売り切るというやり方（水平分業）が伝統的である。定価で販売できた分でしっかり稼ぎ、売れ残りはバーゲンにて処分する。したがって、売れ残りリスク分を価格転嫁した定価設定をする（だから定価は高い）という図式であった。

一方、ユニクロなどＳＰＡは、企画から製造販売までの垂直統合型の事業モデルである。ＳＰＡは中間マージンを減らせただけではない。発注〜店頭陳列までの時間を極端な場合は数週間に短縮することで、売れ行きを見ながら品番別の製造ボリュームの調整を可能にしている。

それにより、売れ残りをギリギリまで減らし、定価での販売の比率（プロパー消化率）の劇的な向上を可能にしている。これが、値頃感のあるカジュアルウエアの供給を支える事業構造である。垂直統合型の新しいインダストリー・バリューチェーンをつくったとも言える。

ただ、その新しい業態であるＳＰＡも、国内外の参入によって成熟期を迎えている。ユニクロが、ヒートテックなどの機能性商品をどんどん打ち出しているのは、ＳＰＡ業態でつくり出した値頃感だけでは、競争優位を持続するのが難しいからとの側面もある。

ここまで紹介してきた通り、インダストリー・バリューチェーンは、その成熟度合い、イノベーションによって変化を遂げていく。経営分析面では、その変化のダイナミズムを洞察するだけでなく、それが自社にとってどのような意味を持つのか、を洞察しなくてはならない。

分析視点としては、自社がインダストリー・バリューチェーン上で、どの事業領域を担っているか、から出発する。インダストリー・バリューチェーンがどう変化していくのか、自社の領域で産業全体のうち付加価値の厚みはどう変化するのか、またその領域における競争のルールがどう変わるのか、それらから、自社の位置づけがどうなるかを見ていくのである。

要は、ダイナミックな変化シナリオの仮説を横にらみしながら、構造的に多くの価値配分を得られるポジションに居続けられるか否かを洞察することになる。

これまで、垂直統合型でのすり合わせによって最終製品の価値と価格を維持・向上させてきた産業のひとつに自動車産業がある。また、電気・光・メカの要素が複雑に絡む複写機も、すり合わせが数多くある産業である。特に、自動車においては、内燃型の従来の自動車から、ハイブリッド、電気自動車へと大きな変化をしつつある。

このような産業において、自社が取り組んでいる事業領域が、どのようなインパクトを受けるのか、インダストリー・バリューチェーン分析は重要な示唆を与えてくれるはずである。

IGPI流チェックポイント24

インダストリー・バリューチェーン全体の成熟度合いとイノベーション、その中での位置づけ（より多くの価値配分を勝ち取れるポジションにいるか）の両方に目を配らないと、企業の将来の競争優位性はつかめない。

25 日本のエレクトロニクス産業でどこが儲かっているか？

優良企業、3つの条件

日本のエレクトロニクス産業の不調が言われて久しい。これはまさにインダストリー・バリューチェーンにおける位置どりが不明確なこと、そして各々の位置どりで求められる戦略に集中特化できないことが、大きな原因となっている。

日本を代表する大手の総合電機メーカーの売上高利益率は、赤字か、黒字でも一桁パーセントの下のほうがせいぜい。売り上げシェアも韓国、台湾、中国メーカーの後塵を拝しつつある。

また、アップルやノキア、クアルコムのように、先進国企業でありながら、メジャー市場であるケータイの領域で世界的にドミナントな事業ドメインを形成し、高シェア、高収益を上げるようなモデルもつくれていない。

しかしインダストリー・バリューチェーンの中で述べたように、最終製品の組み立てではなく、コンポーネントやモジュールを主な事業ドメインにしている会社には、日本にも高収益企業が少なくない。日本電産、村田製作所、ローム、ヒロセ電機といった顔ぶれの会社だ。

同じような傾向は、エレクトロニクス周りの特殊化成品分野（半導体や液晶関連の特殊材料、接着材料、添加剤など）でも見られる。

このタイプの優良企業に共通しているのは、「①自らの開発・生産プロセス内にはすり合わせ的な要素、経験技術的な要素がかなり残っていること」「②バリューチェーンの中で、受け身の下請け的な立場ではなく、自社開発品を広く世界中の顧客に販売するモデルであること」「③ニッチな市場セグメントを得意とし、小さいけれども支配的なシェアを獲得していること」である。

この3つの条件が揃っていることにより、何よりもまず価格実現力が高まる。すり合わせのプロセスはブラックボックス化しやすく、また、発注側の仕様ではなく自らの能動的な開発品であるために、顧客との価格交渉に際して情報格差面で優位に立てる。

さらに、最終製品全体の中で占めるコスト比率は小さいわりに、そこから生じる不良は全体に与えるインパクトが大きいため、顧客のスイッチングコスト（リスク）も高い場合が多い。

また、そのセグメントで圧倒的なシェアを持っていることは、価格交渉力、価格支配力を高めると同時に、当然ながら規模の経済も効いてコスト面でも優位に立てる。エレクトロニクス産業の世界は、分野がきわめて細分化され、分野間、事業間、さらには製品群レベル同士でも、ほとんど共有コストがない。スモールなセグメント市場だけれども、その中でシェアを高めることのほうが、はるかに劇的に規模の経済が効く場合が多いのだ。

脱総合化だけでは復活しない

逆に不調と言われる総合電機メーカーも、単に選択と集中を進めればよいわけではない。まさにバリューチェーンにおける位置どりが不明確なこと、そして各々の位置どりで求められる戦略に集中特化できないことが、不調の核心なのである。

平面的な事業の取捨選択だけでなく、立体的なバリューチェーンの中でのポジショニング及び戦略モデル・事業モデルの集中特化を完遂しない限り、日本のエレクトロニクス産業全体の大復活は難しい。

IGPI流チェックポイント25

大競争時代の勝ち抜きの決定版は、スモール・バット・グローバルナンバーワン・モデルで、価値（価格実現力）とコスト（規模の経済）の両取りを狙うこと。スモールセグメントでのシェアとコスト、そしてスイッチングコストに着目せよ。

コラム

まだまだあるさまざまな勝ちパターン

これまで紹介した、規模の経済、密度の経済、範囲の経済のように、共有コストが薄まることでより効率的にコスト優位に立つという勝ちパターンや、ネットワークの外部性やスイッチングコストを高めるといった、ユーザーにとっての価値を高めるという勝ちパターンの他にも、まだ、勝ちパターンは存在している。

そのひとつに、経験曲線と言われるものがある。これは、サービス提供や生産などで、累積経験が蓄積されているほど、より低いコストで価値提供できるという話である。経験技術がものを言う、半導体や液晶、太陽電池などのプロセス系の生産工程では、「歩留り」という重要な生産性指標として効いてくる。

いわゆるすり合わせ的な要素の強い開発や生産工程でも、重要な勝ちパターンである。これは量をたくさんつくれるプレーヤーが有利になるという点では、狭義の規模の経済性で勝つパターンと親和性が高い。両者がダブルで効いてくると、かなり強力で、前述のスモール・バット・グローバルナンバーワン戦略はこのパターンである。

しかし、この勝ちパターンは、技術的に連続的な進歩が続いている間において有効な戦略であることに注意する必要がある。その進歩が成熟すると、単なる規模がものを言うことになり、後発でも巨大な工場投資を行い、圧倒的なシェアをとったプレーヤーにコスト優位を奪われることになる。組み立て大量生産型のPCや家電分野はもちろん、半導体メモリーや大型液晶パネルでも、日本メーカーは、このパターンで韓国や中国、台湾勢の攻勢にさらされている。

また、技術的に不連続な変化が起きてしまうと、累積経験の価値は失われる。実際、経験曲線戦略が単独で持続的に機能する事業領域は、現代ではあまり多くないようだ。

ユーザーにとっての価値を高める勝ちパターンとして、標準化という勝ちパターンもある。これは、一昔前にHD DVDとBlu-Rayの規格争いがあったが、規格が標準化されることで、ユーザーは、自分の再生プレーヤーがどの規格であるか意識することなくメディア利用できるなど、コストが変わらなくてもユーザーにとっての価値が高まる勝ちパターンである。

しかし、最近の標準化競争においては、より技術内容を広く開示し、誰でも使えるようにすることで、多数派工作に成功した側が勝っている。また、技術の複合化、総合化によって、ほとんどの場合、競い合う標準同士で特許を踏み合っていて、お互いの技術に何らかの相互依存している場合がほとんどである。

結局、標準がとれたからといって、そこから享受できるメリットは、どんどん小さくなっている。未だメーカーには、この標準化戦略へのあこがれ、過大評価があるようだが、今後は、世界の標準化の流れに乗り遅れないこと、そして、標準化争いにこだわりすぎて負け組の標準に固執しないこと（いわゆるガラパゴス化はこの負けパターン）のほうが、はるかに重要になっていくだろう。

26 そもそも勝ちパターンがつくりにくいビジネスもある

商売いろいろ、儲け方もいろいろ（障壁事業と機会事業）

ここまでいろいろな事業の勝ちパターン（儲けのメカニズム）について説明してきた。しかし実際の「儲け」には、いろいろなものが混じってくる。相場を張って勝つのも儲け。土地を買って製造業をやっていたら、いつの間に地価が上がって儲かってしまうのも、儲けは儲け。世の中には、市況や社会イベントといった、やや偶然的な要素で損と儲け、商売の成否が決まってしまう事業はたくさんある。こういう、ある瞬間にはビジネスチャンスが目の前にパッと機会的に開き、時が経てば儲けのチャンスがなくなってしまうようなビジネスを、「機会事業」（オポチュニティービジネス）と呼ぶ。

ファッションやエンターテイメントビジネスも、世の流行り廃りに振り回される部分が小さくない。先に挙げた電炉の例も、スクラップの仕入れ価格と棒鋼価格という、いずれも市況の影響を受ける要素同士の関係で、利幅が大きく変わってしまうという点では、機会事業的な側面がある。不動産や金融ビジネスにも、実は機会事業的な側面がかなりある。

これに対して、ビジネスの構造自体（技術的差別化、顧客との関係性、そして何よりもコストや価値に関わる経済構造）に、他社よりも有利になる持続的なメカニズムを組み込める、あるいは環境要因の変化にかかわらず、一定の売り上げと収益を維持できるメカニズムが組み込まれているビジネスがある。要は「勝ちパターン」を構築できるビジネスだが、これを持続的な成功の「壁」をつくれるという意味で、「障壁事業」（バリアビジネス）と言う。

大当たりを続けられるか

機会事業においては、ビジネスの潮目を見ることが重要となる。裏返して言えば、増収増益を当然の前提に事業運営を続けることはきわめて危険。かえって身を滅ぼす。いくら成功を続けるための壁をつくったかのように見えても、市況や相場変動といった外部要因のほうが、はるかに大きな力で儲けの成否を決めてしまう。いっとき、栄華を極めた相場師、ファンド運用者でも、生涯、その繁栄を持続する人がほとんどいないのはこのせいである。

自らの事業ポートフォリオの中で、どれが機会事業的なビジネスで、どれが障壁事業的か、あるいは事業の中にどれだけ機会的要素と障壁的な要素が含まれているかというのは、とても重要な分析視点である。そこで有効な視点のひとつは、前にも述べたが、その事業において、自分たちが付加した価値の厚み（付加価値率）、自らコントロールできるコスト要素の厚み（管理可能コスト比率）である。

経営が苦しくなると、短期的に劇的な結果が生まれることの多い機会事業的な領域（その典型がデリバティブなどの財テク）で、一発挽回を狙いたくなることがある。実際、運良く、それで経営状態が一息つけることもある。しかし、これはあくまでも一過性の僥倖にすぎない。さまざまな領域に多面的に展開しているうちに、大当たりすることもある。その大当たりがさらにうまく続いて収益の柱になったりする例もある。でも気をつけないといけない。大当たりを持続的に生み出し続けることこそ、最も経営上は難しいテーマだからだ。

やはり、会社という持続性を前提とした組織を経営する本来のあり方は、障壁事業的な領域で、競争優位となる事業基盤を構築すること。ここで「運」と「実力」を勘違いして、本当に破滅の道へ進んでいく会社は少なくない。

IGPI流チェックポイント26

儲かっているビジネスこそ要注意。運と実力を冷徹に見極めよ。

27 事業経済性を理解すると見えてくる世界

3C分析をさらにクリアにする

どの経営本にも、3C分析は紹介されている。カスタマー(Customer:顧客)、コンペティター(Competitor:競合)、カンパニー(Company:自社)の頭文字をとった分析手法として、事業戦略を考えるときによく登場する。

市場分析では、対象とする市場セグメントの規模や成長性といった市場の魅力度、市場ニーズ、購買プロセスといった市場特性を分析する。競合分析では、競合他社の取り組みやシェア、競争要因が何かの分析をする。次に、自社分析では、自社の経営資源や活動上の強みと弱みを分析してみる。それによって、事業戦略が導出される、といった分析手法として、どの経営本でも概ねこのような説明がされている。

これまで、事業経済性について解説をしてきているが、この経済メカニズムの視点を3C分析に加えると、クリアに物事が見えてくる。

まず、市場分析については、市場セグメントごとの市場規模や成長性だけでなく、顧客エコノミクスの視点、たとえばスイッチングコストがどうか、自社よりも川下のプレーヤーを含めてのインダストリー・エコノミクスの視点での分析結果はどうかなどを見ていく。これまでの事例で言うと、家電購入時の顧客の購買意思決定メカニズム、高級ブランド保有の顧客にとっての価値、産業機械導入の意思決定、さらにはケータイのネットワークの外部性など、さまざまな引き出しを当てはめて分析してみるのである。

競争分析については、供給側のエコノミクスとして紹介してきたさまざまな分析、規模が効くか効かないか、障壁ビジネスなのかどうかなどを行っていく。ここでは高炉と電炉の違い、日米航空産業やＬＣＣ、卸やレストラン、コンビニなどの分析事例を思い出してほしい。

最後に、自社の分析においても、自社の内部経済性上の特長として、売り上げ・利益の片寄りや、分散、オープン取引と系列取引の比率、他社と比較して共有コストがどう異なっているかなどの分析も加えていくのである。

ちなみに、我々は局面に応じて、さまざまな分析枠組みを活用するが、仮に3C分析を使用するにしても、これらの視点を入れることで、経営本で書かれていた3C分析よりも高い質の分析結果が得られるはずである。冒頭に、経済的に帳尻が合う構造を維持し続け、上手に儲けを出すことが重要と書いたが、フワッとした定性的・主観的な分析を卒業して、キリッとした定量的かつ客観性の高い分析結果になってくる。

これらの分析を駆使していくと、当該事業が属するインダストリーの勝ちパターン、成功のためのセオリーがクリアに求められる。つまり、この事業をやる限り、絶対に満たしておかなければ勝てないルールが見える。

このルールが見極められると、自社ははたしてこのセオリーに合っているのかいないのかがわかる。もし逸脱しているのだとしたら、どう克服しないといけないのか、ルールから逸脱しない範囲内で、どのような打ち手を講じることができるのか、というような自社固有の戦略の導出へとつながるのである。

5 Forces分析もSWOT分析もさらにクリアにする

この他にも、産業構造的な視点が重要となる産業材、生産財、あるいはインダストリー・バリューチェーンが長く、かつそれが流動的に変化するＩＴの分野では、複眼的な分析が重要である。マイケル・ポーターの5 Forces分析などは、当該ビジネスにおいて、自社を取り巻く競争の全体像を俯瞰的に把握するためには有効だし、マーケティング的な領域では、ＳＷＯＴ分析なども、同様の意味で使いやすい分析手法である。また、マクロ的な動向を押さえるにはＰＥＳＴ分析という手法もある。

あまり馴染みがないかもしれないので、ＰＥＳＴ分析について簡単に紹介しておく。政治・経済・社会・技術の英語の頭文字をとった分析手法である。製薬メーカーにとって各国の法制度の改定（Politics）は大きなインパクトをもたらす。景気感応度の高い広告業界や旅行業界は景気動向（Economics）による業績振れ幅を分析しておく必要がある。新興国をこれから攻める消費財メーカーにとっては、新興諸国の生活水準の変化（Society）は重要であろう。また、技術イノベーション（Technology）は、さまざまなインダストリーの競争のルールを変えたりする。これらを整理する枠組みがＰＥＳＴ分析である。

さまざまな分析手法

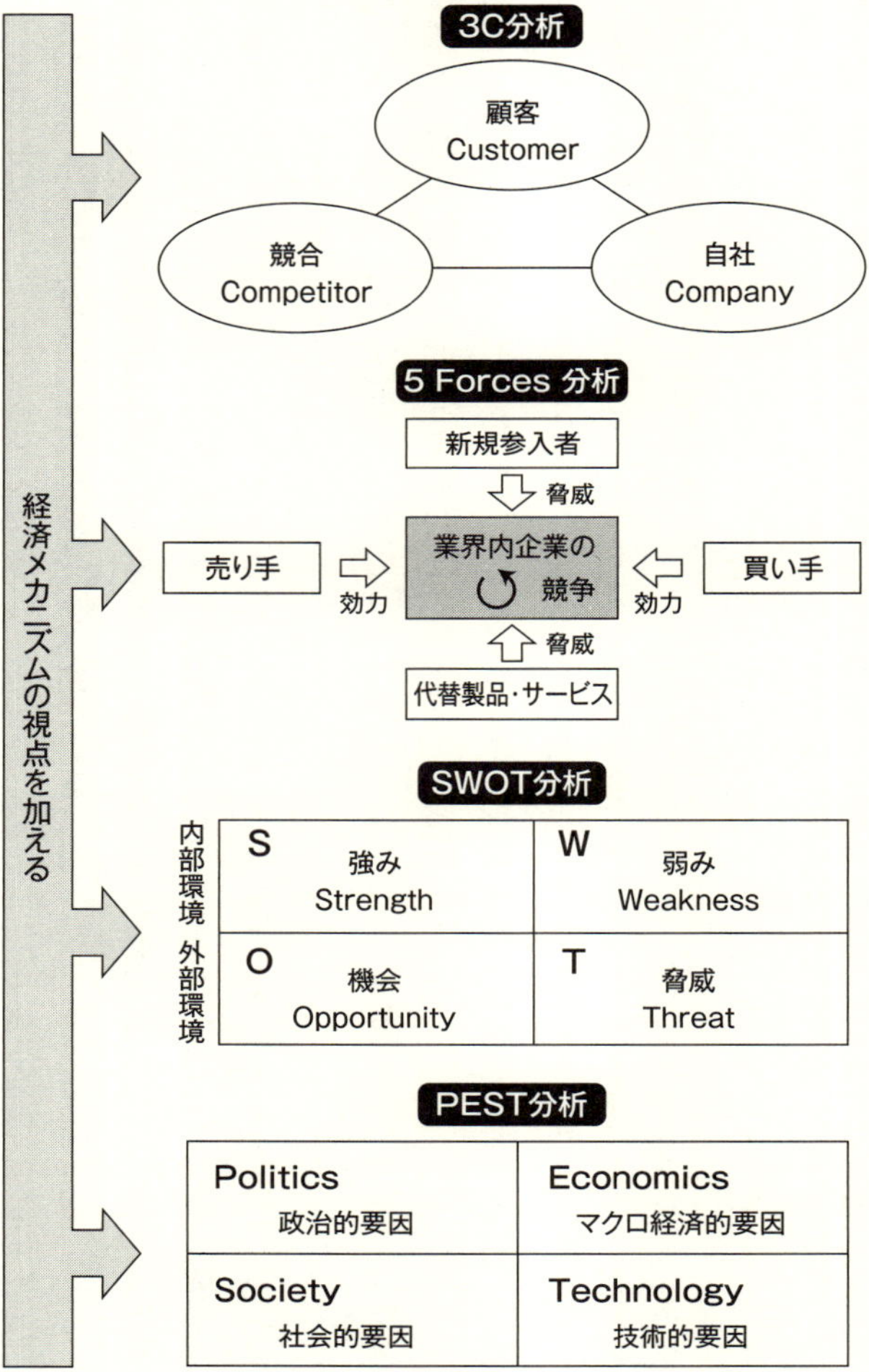
経済メカニズムの視点を加える
3C分析
顧客
Customer
競合
Competitor
自社
Company
5 Forces 分析
新規参入者
脅威
売り手
効力
業界内企業の
競争
効力
買い手
脅威
代替製品・サービス
SWOT分析
内部環境
外部環境
S
強み
Strength
W
弱み
Weakness
O
機会
Opportunity
T
脅威
Threat
PEST分析
Politics
政治的要因
Economics
マクロ経済的要因
Society
社会的要因
Technology
技術的要因

ただ、これらについても3C分析で指摘したように、言語的、記述的な分析手法での定性的な分析結果を見て、わかったような気になっているケースも少なくない。それでは、経営分析としては、まったく表層的になってしまう。手法の開発者も本意でないだろう。やはり、定量的、経済的な分析に立脚したうえでの5Forces分析、SWOT分析でなくては、本当の意味での勝ちパターンづくり、リアルな経営で使いものになる示唆は得られない。

IGPI流チェックポイント27

経済メカニズムの視点を各種分析枠組み（3C分析や5Forces分析）にしっかりと入れることで、個別企業のあるべき姿と、その裏返しでその企業が直面する問題点や課題がよりクリアに見えてくる。事業経済性で本質に迫れ。

第4章

生き残る会社の数字のつくり方〈ケーススタディーで分析訓練編〉

28 会社の事業モデルを自分なりに試算してみる

事業計画づくりを疑似体験する

第1章では、企業再生の現場で使われるリアルな経営分析とは何かについて説明した。言わば、リアル経営分析論序説だ。

続く第2章では、経営分析の進め方について概説した。これはリアル経営分析の準備運動編、心得編だ。実際の会社や事業を目の前にして、経営分析に入ろうとするときに気をつけるべき点、本当に身につけておくべき基礎能力について、臨場感を持って理解してもらえたのではないかと思う。

第3章では、過去の企業再生の事例などを取り上げながら、事業や産業の類型によって違ってくる競争のルール、勝ち負けの核となる経済メカニズムと、それを分析する視点、手法を紹介した。これはリアル経営分析・実践編の前半部、すなわち会社が営む事業や属している産業の儲けのからくり、経済構造に関わる分析枠組み編だ。

この章では、さらに一歩踏み込んで、実際に会社の経営診断書、将来の事業計画をつくる過程を疑似体験してもらいたい。すなわち、リアル経営分析・実践編の後半は、ケーススタディーを通じて会社自身の姿にもっとミクロ的、内部的に踏み込んで、より精密にその特徴（強みと弱み、生理と病理の実態）を分析してみる訓練編だ。

会社自身の姿にミクロ的に内部的に踏み込んでというところの手掛かりになるのは、やはり財務諸表ということになる。ただし、ただ財務諸表の字面、数字だけを眺めているだけでは、何も見えてこない。これは、野球のスコアボードだけ見ていても具体的な試合内容は見えてこないようなものだ。ではどうするか？

財務数値をリアルな事業活動に置き換える、事業活動を財務数値に置き換えるという双方向の作業をすることでリアルな会社の中身が見えてくる。

難しいように聞こえるかもしれないが、実は非常に単純で聞いてみると当たり前のことをすることになる。具体的に検討してみよう。

実際の頭の中で検討するプロセスなので、わかりやすい仮想の事業で検討をしてみたい。

トマトの卸販売会社が訪ねてきた

ある日、トマトの卸販売の会社（仮想の会社）が、あなたの会社と取引をしたいと言ってきた。あなたは担当上司として、部下が持ってきたトマトの会社の財務諸表や情報からその会社の中身を判断しなければならない。

トマトの卸販売会社は、提出された財務諸表からすると、年商40億円、営業利益2億円とあるが、相手は取引をしたいがために、嘘の情報を出しているかもしれない。しかし、トマトで年商40億円と言われてもまったくイメージが湧かない。さてどうしたものか、具体的に検討してみよう。

商品はトマトである。トマトのスーパーでの店頭価格が1パック240円だとしよう。この価格は実際にスーパーに行けば確かめられる。240円のうち、およそ65%（156円）は生産者、25%（60円）はスーパーがとるから、残りの10%（24円）がこの会社の取り分と考えてみる。つまり、この会社の事業活動は、店頭で240円で売られているトマト1パックを生産者から156円で仕入れ180円でスーパーに卸す日々と捉える。

年商40億円ということは、月商3・3億円、日商にすると1日の売り上げは、1100

万円、1パック180円のトマトに換算すると、毎日6万1000パックのトマトをスーパーに卸すということになる。

今度は、1日6万1000パックのトマトをスーパーに卸すということにイメージがつかない。

何人の社員で何台のトラックが必要か

では、具体的な取引先数をイメージしてみよう。

スーパーマーケット1軒あたりの近隣世帯数が3000世帯だとする。1日あたり、そのうちのどれくらいの世帯がトマトを購入するだろうか。仮に5％だとすると150世帯。

1軒のスーパーで1日150パックのトマトが売れていると考えると、1日6万1000パックのトマトを卸すという仕事は、およそ400軒のスーパーと毎日取引をする商売となる。

ここまでくるとしめたもので、トマトのパック売りで年商40億円というつかみどころのない商売が、日に400軒のスーパーにトマトを売る商売というわかりやすい解釈に置き

頭の中で試算したこと

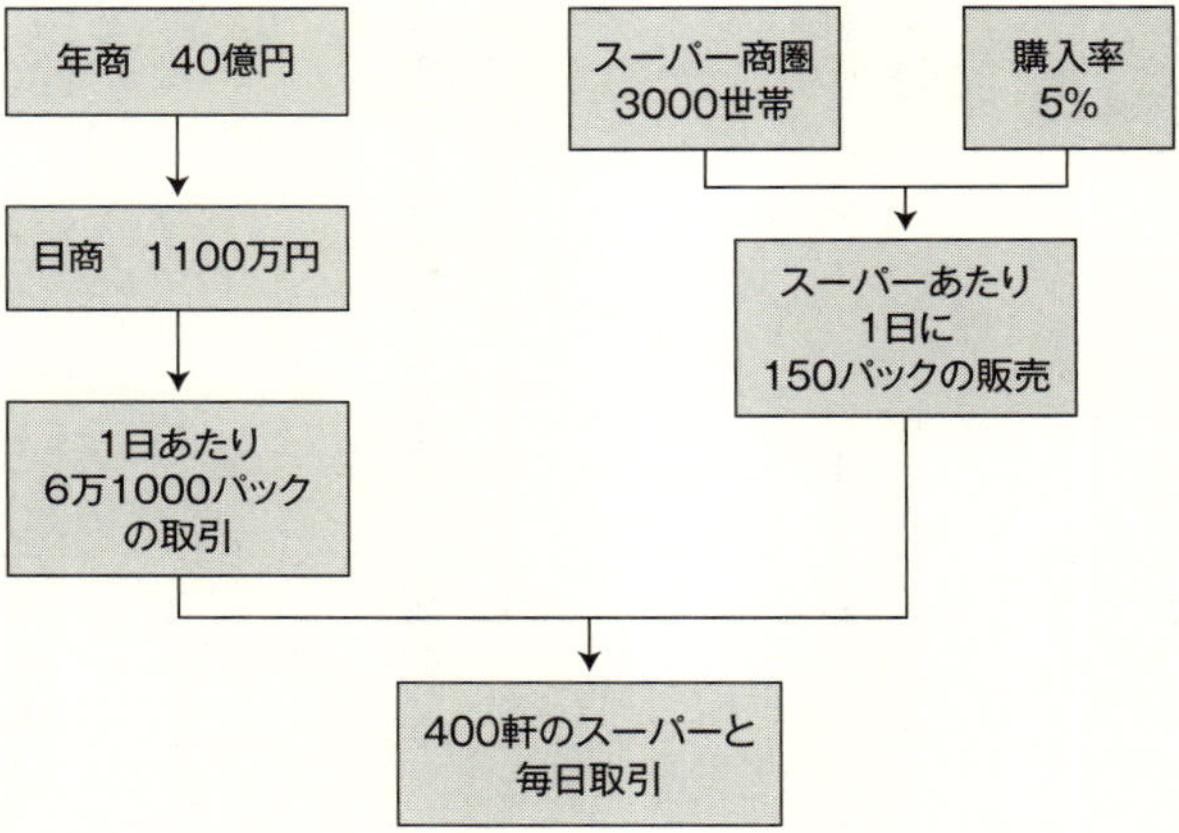

換えられた。

このようにリアルに会社を分析するには、まず、具体的な商売活動として想像できるように財務諸表や決算書を置き換えていくことをお勧めする。しかも、これは、労力も時間もかからず、メモと電卓で、簡単に換算していくようなアプローチで5分程度。楽しみながら、数字がリアルな活動に置き換わっていく。

数字がリアルな事業実態に置き換わるとさらに想像力が働き、その会社の事業収益の構造を想定していくことができる。

トマトの会社で、引き続き検討をしてみよう。

1日の400軒のスーパーへの配送から検

討をスタートする。

仮に自前でトラック配送をするとしよう、1日にトラック1台で何軒回れるだろうか。近隣スーパーをまとめて回るにしても、移動時間、商品の受け渡し、1時間に4軒こなすのはキツそうだ。1時間2・5軒あたりが妥当だろうか。すると、1日8時間×2・5軒＝20軒。1台のトラックで20軒のスーパーに配送できることがわかる。

400軒のスーパーに配送するためには、400÷20＝20台。20台の配送用トラックがあればなんとか回せる。このトラックは、20軒分のトマトを積むわけだから、150パック×20軒＝3000パックのトマトを1日に積むことになる。段ボール1箱で、30パック程度が入るとすると、段ボール100箱が入る小型2tトラックを20台、運転手が20人必要なビジネスといったところだろうか。

配送用の小型トラックとは別に、買い付け用の大型トラックがいる。こちらもドライバーが1人必要で、さらにバイヤーが別にいるはず。もしかしたら、社長がバイヤーを兼ねているかもしれない。

以上を合わせると、ドライバー20人にバイヤー1人で計21人。事務、営業が数人いたとして、30人もいれば、何とかこの会社は回していけそうに思える。

また、トラックを自社で所有していた場合は、20台の小型トラックと1台の大型トラック分の資産がある。

このように数値を事業として捉える工夫を少ししただけで、その会社のざっくりとした姿が想像できるようになってくる。

この想像した内容はあくまでも想像の産物の事業仮説である。

しかし、仮説が立てば、検証ができる。実際に会社に足を運んで、あるいは部下に確認させることで、検証ができる。

皆が想像できる数字で説明する

想定試算によると、30人もいれば回せそうな会社なのに、従業員がやたらにたくさんいて、100人を超えているとか。トラックが20台近くあるはずなのに、3台しかないとか。そうなってくると、取引先として、申告内容がかなりうさんくさい。よく調べてみる必要がある。となるわけだ。

トマトを売って年商40億円です、というだけではよくわからない。単価180円のトマトをベースに考えると、商売の姿が見えてくる。1日6万パックのトマトを400軒のスーパーに配送して売っているというと、手にとるようにわかるだろう。

要するに、自分が想像できない数字でものを考えないということだ。

今回は仮想トマト会社を例に挙げたが、基本的に単価に個数を掛ければ売り上げになる。単価に目を向けることが、地に足がついた経営分析の基本になる。

単価はお店に行けば調べられる。個数は市場全体の大きさとシェアによって概算がつかめる。トマトの市場規模はどれくらいか。インターネットで検索すれば、さまざまな統計が見つかるはず。統計数値から落とし込んできたときに、どこかの数値がおかしければ、そこに疑いの余地がある。

この手法は、経営分析のみならず、事業計画をつくるときも役立つ。この仕事は何人いればできて、どういう体制でやればギリギリ回せるのか。その結果、利益が出るか出ないかを試算して、利益が出ないようなら、そもそもやらないという選択肢もある。

年商いくらの会社にしていこうというときも、「今は4億円の会社だけど、あと5年で10倍の40億円の会社にするぞ！」というだけではよくわからないので、社員は動けないが、「今は40軒のスーパーしかとれていないのを４００軒にすることだ」という目標に切り替えていけば、営業開拓も、物流体制も、何がどれだけ必要なのかが見えてくる。

400軒と取引しようと思えば、営業をもっと増やさなければいけないし、営業がとってきたら、トラックを増やさなければいけないし、どのタイミングで配送するとか、どういうルートで回るとか、そういう具体的な計画が見えてくる。

本当に当たり前のことを当たり前に積み上げていけば、経営分析も事業計画も、それほど難しいことではないのである。

IGPI流チェックポイント28

単価と数量を掛け合わせれば売り上げがわかる。売り上げを1日、1店舗、1人あたりに細分化すれば具体的な姿が見えてくる。

29 試算をベースに自分でPL／BSをつくってみる

いきなり数字から入ってはいけない

ざっくりとした事業の姿が想像できたら、今度はそれをベースに自分でPLをつくってみよう。ここでは先ほどのトマトの卸販売会社の試算の結果をPLに落とし込んでみる。

1カ月の売り上げが3・3億円、仕入れ原価が2・9億円だから、粗利（売上総利益）はその差額の4000万円。そこから、販管費を引いて営業利益を求めてみる。

販管費には、事務所や駐車場（配送センター）の家賃、水道光熱費、燃料代、梱包費、手数料、人件費、保険料などが入ってくる。それぞれの費目について、だいたいの金額がイメージできればベストである。特に人件費については、従業員数、平均年齢、平均賃金などのベースとなる数字を押さえておく。

仕入れについても、契約農家から直接買い付けているのか、それとも青果市場から買っているのか。トマトの選別・包装、荷造りは誰がどこでやっているのか。トラックは購入しているのか、リースなのか。それともトラックは持たずに配送を外注しているのか。チェックすべき項目は多い。

そうやって思い描いた結果を、実際のPLと照らし合わせて、どこがどれくらい違うのかを見ていく。前提条件がずれていたところはもう一度試算し直したり、現場で見聞きした情報を加味したりして、より精度の高い仮説を組み立てていく。こうしてできあがったシミュレーションは、最少人数でギリギリ回せるくらいのスリムな体制なので、そこから大きく外れた項目に嘘、ムダ、病理が隠れている可能性がある。

これも、頭の中で事業のモデルを組み立て、PL化していくことで見えてくる。

こうした自分なりの想定をしないで、いきなり数字から入っていくと、実態がまるで見えてこない。

何度も言うが、最初に数字ありきではなく、まず活動ありきで、それを積み上げていくと数字が出てくるという当たり前のことを、当たり前にやるのである。

活動はPL、土台はBS

ちなみに仮想トマトの月次PLを簡単に想像してみると、

売り上げ　3・3億円　仕入れ　2・9億円　粗利　4000万円

従業員給与（社会保障等含む）　40万円×30人＝1200万円

家賃・駐車場代　400万円

燃料代　200万円

その他経費　300万円

トラック等減価償却　100万円

月次営業利益　　　　　　　　　　　　　　1800万円

あながち年間の営業利益が2億円というのは、嘘ではないかもしれない。

ストーリーを描くときの基本はPLである。PLで描いて、その背景をBSでチェックするというのが基本的な考え方である。この2つを同列に扱うことはできない。

すでに見たように、PLは事業モデルさえ頭に入れれば、骨格の部分だけであっても、ある程度頭の中で組み立てられる。単価に数量を掛ければ売り上げになるし、売り上げから仕入れ原価を引けば粗利が出る。

ところが、BSを頭の中でイメージすることは簡単にはできない。どんな資産を持っているか、どれくらい借金をしているかは、実際のBSを見てみないことにはわからない。実はすごい土地を持っていて何十億円もの資産があるとか、在庫を山ほど抱えて現金化できていないというような話は、BSを見て初めてわかる。

では、BSではどんなところを見るのか。

PLが事業モデルをつかむための材料を提供してくれるとすれば、BSはその事業がこれからも持続性を持てるかどうかの健全性（あるいは、余分な贅肉の程度）についての情報を提供してくれる。

PL/BSをつくる、チェックする

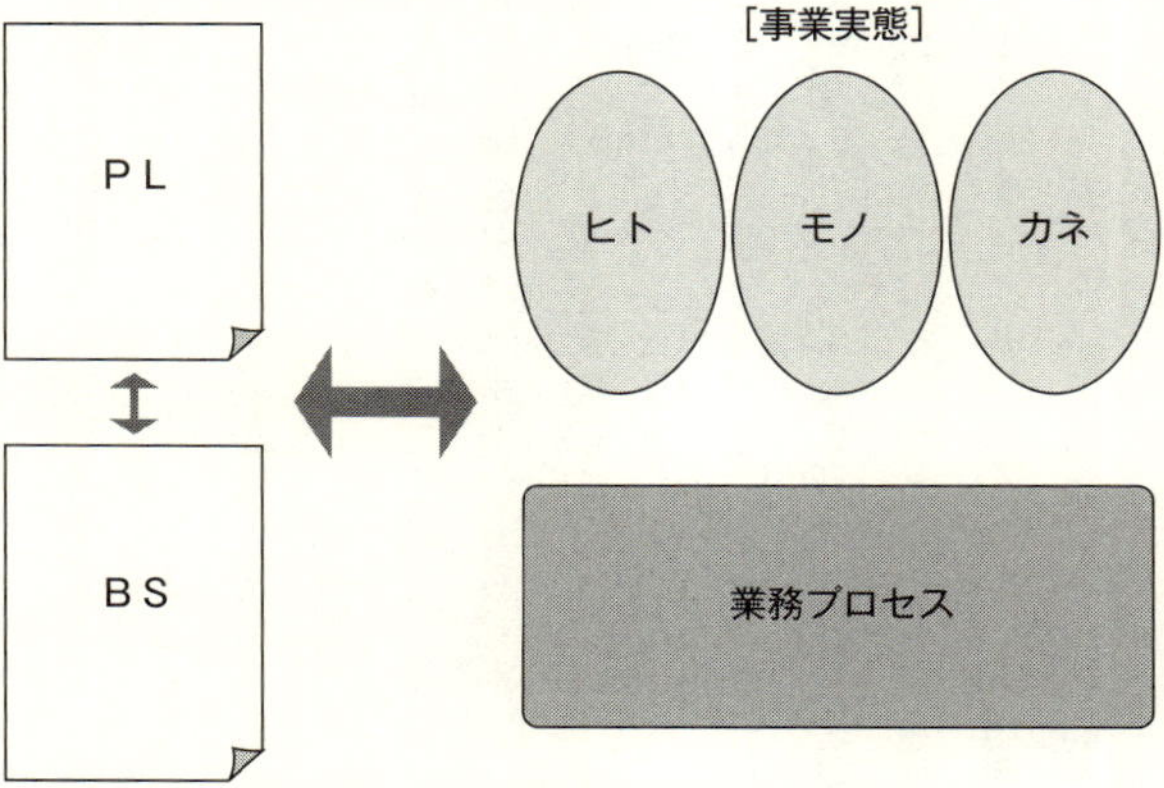

数値とリアルな事業実態を行き来する

たとえば、手持ちの在庫は資産なので、何日分、何週間分の在庫を抱えているか、在庫回転期間や在庫回転率を調べることができる。

平均在庫高を売り上げで割ると在庫回転期間が出る。平均在庫高は（期首在庫残高＋期末在庫残高）÷2で求められる。在庫回転期間の逆数が在庫回転率である。

生鮮食品であるトマトは何日も保管できないので、在庫期間は1日未満か、どんなに長くても数日だろう。朝仕入れたトマトをその日のうちにスーパーに納品するイメージである。ところが、日持ちのする商品だと、この期間がどんどん延びていく。在庫のままでいる限り、いつまでも現金化されず、資金がそこで寝てしまうことになるので、在庫回転期間は短いほうが身軽に経営がしやすいとも言える。

それに加えて、支払いサイト、回収サイトの問題がある。仕入れ代金はいつ払うのか。現金決済なのか、翌月払いなのか。販売代金はいつ入金するのか。翌月払いなのか、３カ月後にまとめて入金するのか。出ていくお金と入ってくるお金にズレがあるので、見かけ上、ＰＬでは、利益は出ていても、在庫回転期間や支払い・回収サイトのあり方で、資金ショートを起こす可能性は否定できない。この在庫と支払い・回収サイトのやり繰りをするのに十分な資金水準が必要運転資金ということになってくる。

ＢＳも事業実態から出発する

具体的に考えてみよう。トマトは日持ちしないので、トマトと同じ価格の加工食品（たとえば瓶詰の鮭フレークなど）を扱っている業者を考えてみよう。

月商３・３億円、卸売価格１８０円、仕入れ価格１５６円の在庫を１カ月分（１８０万個）持っていたとすると、１カ月分の在庫に必要な資金が、仕入れ価格１５６円×１８０万個＝２・８億円である。ここで、仕入れは現金払い、販売代金の入金までの回収サイトが3カ月だとすると、少なくとも3カ月分の資金8・4億円がなければ、売り上げを回収するまでにお金が底をついてしまう。

つまり、販管費などを除いた、この会社の運転資金の最低ラインが8・4億円ということだ。これに事務所や配送センターの家賃、駐車場代、人件費など、毎月の経費が加算される。それだけのお金が用意できなければ、この会社は維持できない。

この会社の資本金が仮に1億円しかないとしたら、少なくとも7・4億円は借り入れがないと資金不足で経営が成り立たない。

1カ月分の在庫を仕入れた状態で、ざっくりとしたBSをつくってみた。土地・建物や有価証券は持っていないと仮定すると、現金と在庫以外に資産と呼べそうなものはトラックしかない。大型トラック1000万円、小型トラック200万円が20台で、合計5000万円。担保がこれだけで7億円も借りられるだろうか。

この会社は、もしかしたら売掛金（売り上げの未回収債権）を担保に提供しなければいけないかもしれない。

これだけ入金サイトが長く、運転資金がかかりそうな事業の場合は、できるだけ内部留保を厚くして、手金（手元にある金）で事業をするとか、現金商売のみで回していくしかないだろう。

こういう会社が「銀行には腹が立つ」とグチをこぼしていたら、おそらくアウトだろう。もはや危険信号が灯っていると思っていい。

ＢＳを見て、いきなり自己資本比率のような指標をパチパチ計算し始めてはいけない。全体の事業モデルを頭に入れたうえで、たとえば、借入金額が気になったら、事業実態を想像しながら、自己資本比率（＝自己資本÷総資産）や在庫回転率（＝売上高÷平均在庫高）、必要資金などを見にいく。事業実態を想像することなく、初めから指標数値を計算して、数値が高いだ低いだと騒ぐのはまったく意味がない。

ＩＧＰＩ流チェックポイント29

ＰＬで全体のストーリーをつかみ、ＢＳでそれを確認する。どんなヒト、モノ、カネ、業務プロセスが絡んでいるかを、ＰＬとＢＳからイメージ化できると「勘」が働きだす。

30 相場観を身につける

スーパーマーケットで「単価」「値付け」を学ぶ

経営分析をするときは、いきなり細かいところまできっちり見ていくのではなく、まずはざっくりと全体観を見にいく。そこで見つけた不自然さや疑問点を深く掘り下げる。どこかおかしいと気づくためには、「単価」や「値付け」に敏感になることが大切だ。身の回りにあるものの値段をふだんからよく見ておく。

たとえば、ここにコップ1杯の水があるとして、そのコップはいくらか。中の水はいくらか。わからなければ、ネットで調べたり、実際にお店に足を運んだりして、相場観を身につける。同じようなコップでも、無印良品ではいくらで、フランフランではいくらで、ホームセンターではいくらか。すぐに値段のわからないようなものは、その分野に詳しそうな友人・知人に聞いてみる。

あるものを見て、すぐに値段が思い浮かぶようになるには、とにかくいろいろ経験するしかない。オフィス賃料、コピー代など仕事関係だけではなくて、休みの日にスーパーマーケットに行くとか、百貨店や家電量販店に行くとか。私たちのオフィスは秋葉原なので、路地裏に足を延ばせば、さまざまな部品が売っている。そういうのをチラチラと見ておく。

勉強ではないので、何かのついでに、気楽に、値札を見るだけでいい。でも、いったんそういう習慣が身につくと、どこに行っても値段が気になるようになる。

お店に入って、メニューを見ながら客単価を想像したり（メニューを見るときは必ず値段もチェックする）、新聞の折り込みチラシでスーパーの特売品の価格をチェックしたり、不動産のチラシで近所の家賃相場や坪単価をチェックしたり。

そうやって、ふだんから身の回りのあらゆるものやサービスの値段をチェックして、自分の相場観を磨いておく。単価がリアルに想像できないと、最初の試算ができない。異常値に気づくためにも、さまざまなものの値段を知っておく必要がある。

類似企業の決算書をベースに価格交渉

新しい会社と取引するときでも、提供される商品やサービスについての相場観がなければ、そもそも相手の提示してきた価格が妥当なのかが判断できない。この仕事ならこのくらいの価格、この作業量、この仕様ならこれくらいが相場というのは、仕事をしていくうえで欠かせない感覚である。

だいたいこれくらいだろうという金額がイメージできなければ、自分たちに不利な取引条件を飲まされてしまうかもしれない。価格交渉で、「それは高すぎる」「そんなにしないでしょう」「利益を上乗せしすぎではないか」と言うためには、常識的な価格を知らなければいけない。

世の中には〝コスト削減コンサルタント〟という人たちがいて、「この金額は高すぎる」という交渉の支援をしてくれる。ただ「まけてくれ」と言っても相手が言うことを聞いてくれるとは限らないので、何をするかというと、決算書の数字をベースに交渉するのである。

帝国データバンクや東京商工リサーチなどの信用調査会社に行けば、自分の会社のみならず、他社の決算書も見ることができる。そこで、たとえば取引先と似たような商品・サービスを提供しているA社、B社、C社の決算書を調べると、売り上げと原価の数字がわかる。企業規模によって金額は違っても、比率は見えるわけだから、原価に対してどれくらい利益を乗せているかが見えてくる。

類似企業と比較すれば、取引先との価格引き下げ交渉に強気で臨んでいいのか、逆にあまりいじらないほうがいいのか、一発でわかる。

客観的な数字をベースに理詰めで価格交渉すると、相手はひとまず「持ち帰って検討します」と言うはずだ。その場で即答はしなくても、実際にはもめることはほとんどない。次に会ったときには、たいてい「では、この値段でお願いします」という話になる。

相手が「A社さんとうちでは、ここが違いますから」とやんわりと反論することはあるかもしれないが、明らかに高すぎる場合は、わりと素直に値下げに応じるものだ。応じなければ、その取引はA社やB社に持っていかれるということだからである。

逆に言うと、ふだんの取引では、そこまでシビアな交渉をやっていないということでもある。

つき合いが長い取引先だと、何となくなあなあで金額が決まっているケースも多いはずだ。いちいち相見積もりをとって比較したりするのは面倒なので、当初の金額をそのままずっと継続していたら、いつのまにか割高になっていたとか。あるいは、最新の技術やシステムがより安く手に入るのを知らないまま、いつまでも古くさい技術やシステムに頼って、コストパフォーマンスが悪化しているのに気づかないとか。

値下げ交渉といっても、きわめてあいまいに、「今期はちょっと厳しいから価格を少し下げてくれない？」「埋め合わせは来期になんとかするから」といった口約束だけで、その場しのぎの価格に決まっていたりする。

そういう企業が多いからこそ、コスト削減コンサルタントが生活できているとも言える。他社の数字との比較で、「御社は高すぎる」とやれば、相手はぐうの音も出ない。相手には「ここにこれだけ乗っけて儲けている」という自覚が必ずあるから、そこを突かれると、値下げに応じざるを得なくなる。

危ない取引先も見分けられる

同じことは自社についても当てはまる。売り上げに対する原価の割合を同業他社と比べれば、現在の自社の価格設定が妥当なのかが見えてくる。

明らかに割安ならば、もっと利幅をとって販売価格を引き上げても大丈夫なのかもしれない。逆に、同じ価格帯なのに仕入れ原価が安いためにより多くの利益をとっている他社がいれば、自社の仕入れ価格の見直しにもつながる。

あるいは、今の販売価格を見直さないと他社とは勝負にならないのではないか、といった議論ができる。「自分たちの価格設定がおかしいかもしれない」という発想がないと、生き残れないかもしれない。

決算書の数字を見比べれば、危ない取引先も見分けられる。取引先とその類似企業のＰＬを並べてみると、Ａ社は原価が高すぎる、Ｂ社は販管費が高すぎる、といったことが見えてくる。同じような製品・サービスなら、より安全な会社を選んで取引することで、リスクを避けることができる。

ふだんから数字を見るクセをつけておくと、いろいろな場面で応用できるのだ。

ＩＧＰＩ流チェックポイント30

ある数字を見て異常に気づくためには、相場観が欠かせない。特に値段のリアル感に敏感になることは、あらゆるビジネスの基本である。あなたは今日のトマトの値段を知っていますか？

31 単品管理ができれば経営改善はできたも同然

儲からない商品を売り続ける営業

すでに述べたように、単価と個数のレベルまで落とし込めば、その企業のビジネスの実態が見えてくる。ただし、通常は、扱う商品がトマト1種類ということはあり得ない。さまざまな商品を同時に動かしているので、商品ごとに「単価（販売価格と仕入れ価格）」と「個数」を把握して、それをひとつひとつ積み上げていく。

一見どんなに複雑そうに見える企業でも、商品ごとの単品管理ができれば、本来の事業モデルも、そこに隠された問題点も、すべて見通すことができる。

ところが、この単品管理というのが思いの他やっかいなのだ。

まず、単品ごとの数字を取り出すのが難しい。いくらで仕入れて、広告宣伝はいくらで、流通コストはいくらで、最終的にいくらで売っているのか。商品ごとに切り分けて精査する手間を惜しんでいる企業は少なくない。そうすると、何が儲かっていて、何が儲かっていないのか、実は社内でもきちんと把握できていないことになる。

販売サイドについては、同じ商品を売るのでも、さまざまなインセンティブ契約や割引率の適用によって、実際の販売価格が違っていたりする。その数字を個別商品ごとにきちんと明らかにする必要がある。

さらにわかりにくいのが仕入れサイドである。仕入れ原価は、たいてい他の商品の原材料や部品と合わせて、まとめて仕入れているから、単品管理が徹底されていないと、個別に切り分けられないことが多い。そうなると、場合によっては儲からない商品を一生懸命売っていたということにもなりかねない。

経営危機に陥ったある会社では、社長の思い入れのある商品をみんなで頑張って売っていた。それがいちばん儲かる商品だと思っていたからだ。だが、よくよく調べてみると、原価が高すぎて儲かっていないことがわかった。売れば売るほど赤字が拡大する状態で、それが原因で潰れかかっていたのである。

グローバル企業ほど難しい

仮に１０００くらいのアイテムを扱っているとして、個別に仕入れ単価を出しているケースは決して多くない。材料をまとめて１トン仕入れたらその伝票が切られるだけで、経理でわざわざそれを切り分けたりしないのがふつうだ。

売り上げは売り上げで、売り伝票が集められて、年に1回会計士がやってきて、決算して初めて「利益ないけど大丈夫?」という騒ぎになったりする。現金の残高は預金通帳さえあれば管理できるが、自分たちが儲かっているのか損しているのか、1年に1回しかわからない。

そこで、とにかく単品ごとの利益を計算できるように指導する。時間はかかっても、単品管理ができていれば、一瞬で自分たちが儲かっているのかどうかがわかる。売上伝票を見ただけで、その数量分の原価はすぐに計算できるからだ。

経営改善の基本は、単品管理を徹底することである。

逆に言うと、それくらい単品管理ができていない会社が多いということでもある。上場している大手メーカーでさえ、できていないことがある。組織が巨大すぎて、原価を追跡するのが困難なケースが実際にあるのだ。

たとえば、本社は日本、工場は中国、市場は北米というグローバルな企業で、工場も販売会社も別会社、仕入れは現地、部品の一部は日本から輸出、という事業構造はよくある。

本社で単品管理するのだが、ある商品の原価を知りたいといったときに、まとめてドンと伝票が上がってくるので、本社でもよくわからない。ひとつの商品のコストを調べるのに、米国に連絡し、中国に連絡し、原材料産出国に連絡してすべてを洗い出すというのは、相当な手間である。

さらに、こうした情報はシステム化され、システムでやりとりしていたりする。このシステムが、個別事情に応じてつくられていたりする（往々にして、かつて業務上人手でやっていたことをそのままシステム化しようとすることが多く、個別事情がシステムにごっそりと詰め込まれていることが多い）。

また、原材料調達法人と、製品販売法人とで、商品コードが違っていたりすることも多い。本社で管理しているコードと、北米市場のコードが違うだけで、「コードXXXの原価を教えてくれ」というやりとりさえ難しくなる。それがどの商品を指しているのか、わからない。別々に割り振られたコードを関連づけるだけでも一大プロジェクトで、このようなグローバル企業で単品管理を徹底するには、数年かかってしまう。

しかも、社内の人間が率先して単品管理を導入しようということにはまずならない。それをするだけのインセンティブが現場業務にはないからだ。

社内の関係部署や海外の別会社に「単品管理したいから情報提供してほしい」とでも言おうものなら、「どうしてそんなことをする必要があるのか」「忙しいんだよ、こっちは」とみんなから煙たがられること必至である。だが、面倒くさがって放置しておけば、本当はどれが儲かっていて、どれがあまり儲かっていないか、よくわからないまま、みんな勘で動いていることになる。

単品管理ですべてを統一するとなると、実はマネジメントの変革にもつながる。しかし、丸見えになること、現場側で一時的とはいえ膨大な作業が発生することなど、推進役は、嫌われ者になるのが目に見えている。

そのため、社内の人間でこれを自分からやろうという人はなかなか現れない。かといって、外部のコンサルタントがいくら単品管理の利点をアピールしたとしても、決断・行動するのは内部の人間なので、なかなか着手されないのである。

これまでの習慣と決別し、単品管理を実現し、強い会社を築く、という礎となる覚悟があって初めて実現できるハードルが高いテーマではあるが、単品管理の実現はそれだけの価値がある重要事項と言えよう。この手の見える化は、内部の推進役がプロジェクト成功のカギを握っている。

ＩＧＰＩ流チェックポイント31

単品管理を徹底すれば、どんぶり勘定の余地がなくなる。たいていの問題はそれで解決できるはず。

32 分けるはわかる、管理会計の重要性

管理会計はピンとくるためのツール

単品管理の重要性という話をしてきたが、単品管理は、管理会計（区分会計）の重要な事項のひとつである。ここでは、管理会計とはどういうもので、どんなことに気をつけるべきなのか、まずは、財務会計と管理会計の違いから見ていこう。

財務会計とは、第2章で「使いこなすことの重要性」を語った、PL、BS、CSを核に構成される会計データである。これはもともと、企業の（特に外部の）利害関係者である株主、債権者、あるいは徴税当局に対して、企業実態を明らかにすることを目的とした

ものである。第1章でも言及した通り、多くの企業に投資や貸し付けをする側から見やすいように、統一フォーマットで、決算書としてまとめられる。

一方で、管理会計とは、経営トップ層や現場の管理者が、その情報をもとにさまざまな意思決定、軌道修正、業績モニタリング、業績評価などに使うことを目的としている。そのため、財務会計とは、そもそもの目的が明らかに異なる。

財務会計がFinancial Accountingと英語表記されるのに対して、管理会計はManagerial Accounting、Management Accounting、Accounting for Controlなどと呼ばれる。管理会計と言われてもよくわからない方でも、英語だとクリアに違いがわかる。管理会計は、企業、事業のマネジメントを適切にすることを目的にするツールなのである。

まず、管理会計ではマネジメントすべき単位で数値データが分かれていないと意味がない。事業別、製品群別、地域別など、マネジメントをする側の区分と合致しているか、という視点である。開発から上市（製品を市場に出すこと）、モデルチェンジまでの期間の投資回収を見たいのであれば、その時間軸での投資回収状況を見ないといけない。製品の真の利益を知りたいのに、製造子会社、販売会社別の集計になっていたら、ピンとこない。

これが、会社の単位を基本とする財務会計との大きな違いのひとつである。空間軸と時間軸で、マネジメント単位に合わせることが重要なのだ。

さらに、その区分が適正だとしても、数値データが、たとえば、財務会計のＰＬそのものだったりすると使い勝手が悪い。たとえば、アパレルでは店舗別の粗利額と率だけでは不十分だ。改善しているオペレーションの結果が、交差比率（在庫回転率と粗利率の掛算）や、定価でどのくらい売れたかという正価消化率（プロパー消化率）にダイレクトに響くのであれば、その指標はとにかく見たくなる。

外部仕入れが増えているのが、研究開発費の製造原価への計上部分が増えているのに気づかずに、現在製造中の製品の調達方法を見直せという指示が出たりしたら、おかしなことになる。企業活動の健全性、あるいは、新たな打ち手の期待効果に関連した指標でないと意味がない。

要は、マネジメントをするうえで、管理会計というツールが合目的的になっているか、が肝ということだ。

精緻にすればよいというものでもない

もうひとつ注意しないといけないことがある。会社業績が悪いためにメインバンクの知見も借りて、月次各種実績データを集計して対策会議を毎月開いている、という光景を産業再生機構時代に頻繁に目にしていた。事業単位別のPLとその細目であることが多かったが、とにかくその集計をするための工数がとてつもなく肥大しているのだ。

気が気でないことは事実だが、集計指標の細かさと網羅性、精度を求め、それもすぐに見たいということになると、かかる労力は膨大になる。月末〜月初の業務の一部がそのためにストップしたりもしていた。経営のためのツール（手段）であるはずが、完璧を目指して、データをつくる業務プロセス整備自体を目的として大々的な検討をしていることも多かった。

経営をしていくうえで、事業実態と結びつけていつも見なければならない指標は限られる。見たくなったら個別に分析すればいい場合も多い。また、精度という観点からは多少誤差があっても、無理なく早く出せたほうがよいことも多い。

そのあたりの「塩梅」が実務上は大切なことを忘れてはならない。目的に照らして必要かつ十分な精度（誤差の範囲）であればよいのだが、なかなかそうなっていない会社が多いのが実情である。

IGPI流チェックポイント32

お約束通りにやる財務会計は出発点。分析者の経営センス、オリジナリティーが問われる管理会計こそがゴール。

33 さらにどうやるのがいちばん良い勝ち方なのかを考えてみる

アイデアや組み合わせを考える

仮想トマトの会社を例に使って、数字とにらめっこする前に、事業内容を想像し、生き物として数字を捉えるための頭の使い方の話をした。

この話では、具体的な活動をイメージしながら、どのようなコストが存在しているか、そのコストがどのようなことで上がったり、下がったりするかという具体像を描くというところまでの検討になる。これは、具体的な事業活動と財務諸表とをつなげる、行き来をするという話であり、第3章にある勝ちパターンということと個別事業実態というところにつながりは見えない。

勝ちパターンへとつなげていくには、この仮想トマトの会社を収益性よく成長させるには、どのような方法がよいかを考える必要がある。

具体的に見てみると、「勝ちパターンというのも、なんだ簡単な話だ」と思われるはずだ。それでいいのだ。

仮想トマトの会社の売り上げと利益を伸ばそうと思うと、さまざまなアイデアや組み合わせがある。

●新規顧客を対象にしてトマトの売り上げを増やす
①同じエリア・近隣エリアでの新規顧客を獲得する
②これまで活動していなかった遠方エリアで新規顧客を獲得する

●既存顧客を対象にしてトマト以外の売り上げを増やす
③ナスを既存顧客に対して売る

売り上げ・利益を伸ばすパターン

商品＼エリア	既存	新規
既存	①エリア内の新しいお客さんに	②新しいエリアに
新規	③ナスを売る	×

の3パターンについて、検討をしてみる。

①の場合は、いつもの営業・配送先の途中や周辺に新たな顧客ができるということで、取扱量の増え方にもよるが、基本的には、近くのエリア担当で、取り扱い対応ができ、新たにトラックや人を雇い入れることなく、売り上げと利益を伸ばすことが可能そうである。このような、その事業のコストの増減や、コスト効率の良し悪しを決める因子をコストドライバー、そのコストドライバーがどういう作用をするかをコストビヘイビアと呼ぶ。

同様に見ていくと、②の場合は、これまで活動していなかった場所で活動をするので、そのエリアで活動する人が必要なことはもちろんのこと、拠点が必要かもしれない、そのエリアに商品を届けるための長距離トラックが必要かもしれない、あるいは、現地で商品を調達するためのバイヤーが必要かもしれない等々、どうも売り上げは増えても、コストも増えてしまう。場所の広がり、拠点の増加が大きなコストドライバーとなってコスト効率が悪化するリスクがあるのだ。しかも、売り上げが増える量が少なければ、かえって売り上げで稼ぐ以上のコストがかかり、採算は悪化してしまいそうである。

③の場合は、いつもの営業・配送先にナスを売るということになっていくため、これも取扱量の増え方にもよるが、基本的には、現有勢力で、営業・販売が可能。必要なのは、ナスの目利きができるバイヤーの存在かもしれない。

以上を検討してみると、①同じエリア・近隣エリアでの新規顧客を獲得するか、③ナスを既存顧客に対して売るというやり方が、良さそうに見える。同じ金額の売り上げを増やすのに、②に比べ、追加コストが少なく、より利益を伸ばすことができるようである。

現実の競争相手を見て判断

ここで、儲けの金額をより効率的に増やそうと考えると、②を選ばないのが、ある意味での勝ちパターンということになる。

言い換えると、この事業は、密度の経済が効く（①の話）、範囲の経済が効く（③の話）ということになろう。

売り上げと利益が伸びるのだから、①だろうが、②だろうが、③だろうが、どれでもよいではないかという考え方もある。もし、競争がなければその通りだ。

しかしながら、現実には、競争相手が存在するため、自分は、②を選ぶが、競争相手が①を選び、さらに、儲けた分を商品値下げでお客様に還元という手を打ってくるかもしれない。そうなれば、既存顧客への売り上げそのものも落としかねない。

また、この競争相手への対抗策を継続的に実施していくためにも、構造的に不利な②を選択した状態を早期に解消するほうがいい。競合対比で価格勝負ができる構造へ変革をせざるを得ないような再生局面になるまでメスが入らないとなると、大変なことだからだ。

IGPI流チェックポイント33

売り上げを増やすのに、どのようなコストがかかっていくのか、どのような売り上げの伸ばし方が、コスト効率が高いのか、という「コストドライバー」の視点で勝ちパターンを見極

めていくことが重要。

34 数式の世界から人間ドラマの世界へ

見切り発車で決めた無茶な原価

ここまでは、数式の世界、そろばん勘定の世界での分析をしてきた。実はこのそろばん勘定のすぐ裏側には、生身の人間の世界、渋沢栄一翁が言うところの『論語』が扱う世界が横たわっている。

たとえばある会社が、無責任体制になっているとしよう。組織には、社長がいて、営業部長、企画部長、開発部長、財務部長がいる。

オーナー社長が「今期は売り上げ500億円、利益25億円に届かなかったら、全員クビにする」と言って、本当にクビにする会社だとしよう（ワンマン社長が仕切っている中小企業ではありうる話かもしれない）。

では、組織で何が起こるか。営業部長は、後先考えずにお客さんから500億円の仕事をとってきて、「あとはよろしくね」と言う。

この会社は企画部門が収益判断をしているとする。本来なら、積み上げ方式で原価計算し利益25億円が実現できるのか、判断をしなければならない。それなのに、企画部長は目標設定のひとつである「売り上げ５００億円」のビジネスを失いたくないがゆえに、逆算で利益の出せる原価計算をして、「３００億円の原価設定で収められればＯＫです」と言ってしまう。

次に、開発部門に仕事をとる前提で話が降りてくる。生産は外注しているとして、ここで見積もりを上げる。開発部長は「３００億円なんて絶対無理だ」と思いながら生産各社の見積もりをとると、案の定、４００億円という金額が出てきた。「これは無理だ、どうしようか」とやっているうちに、お客さんのほうが痺れを切らして、「もういいよ、よそに頼むから」と言ってきた。

そうなると、みんなクビが心配だから、営業部長は「ちょっと待ってください」とお客さんを引き留め、「とりあえずやろう」と大号令がかかる。「あとで価格交渉するから」という完全な見切り発車である。

製品ができあがって、生産者から見積もり通り、４００億円の請求書が届く。もちろんそれでは大赤字なので、財務部長が「そんなの払えない」とごねる。結局、間をとって350億円で収めるものの、そもそも300億円で発注して黒字になる計画なのだから、当然赤字である。もともと非現実的な目標を無理やり達成するために、無理に無理を重ねて、あちこちでひずみが出てしまう。

ワンマン社長が招いた無責任体制

この会社はどこかおかしいと思って調べてみると、このような無責任体制が隠れていたりする。本来なら、誰かが「社長の目標は間違っています。現実的な目標設定にしてください」ときちんと言うべきところを、クビが怖くて誰も言えない。

これは現実にあった話で、この会社は、実は社長が言った目標を一度も達成したことがない、というオチがつく。

社長にしてみれば、「500億円の仕事はとりました。でも利益は出ませんでした」という話だけが上がってくる。

社長「どういうことだ?」

営業部長「企画がいけると判断したのです」

企画部長「実際、いけるはずでした」

開発部長「企画が無理なことを言うから、生産者との調整が大変でした」

と責任の押しつけ合いになって、結局、誰の責任なのか、よくわからないことになる。

この悪循環をどう断ち切るか。管理会計で解決する問題ではないが、管理会計を構築しようとすると見えてくる話ではある。

そんな馬鹿な話があるか、と思う方もいるかもしれない。しかし、組織が大きくなって、ひとつの部門で１００人を超える部員がいるようになると、全体像を把握するのは困難だ。誰も明確には気づいていないうちに、組織内部に「売り上げを伸ばさないとならない」との空気が支配してくることもある。決して、完全には無責任とも言えない、また悪意でもない行動が絡み合って、こういう事態が進行していることもある。

一人ひとりにインタビューして、何が起きているのかという話をつなげていって、実はこんなことが起きていたということが初めてわかる。何かトラブルが起きたときには、その背景にインセンティブ構造上の問題や、コミュニケーションの齟齬があったりする。

組織のひずみのような問題は経営分析をしても直せない。完全に防ぐことはできないので、こういうことは起きるものだという前提でトップが動くことがいちばんである。たとえば、リーダー同士の話し合いの場を設けたり、いろいろと対策を練ることができる。

IGPI流チェックポイント34
数字の分析を徹底的に突き詰め、壁にぶち当たり、悩み、苦しむことで、その会社の組織サイド、人間サイドの本質的な問題も浮かび上がってくる。

35 その会社の事業に最適なスパンで数字を切り取る

海底ケーブルの将来性は？

さて、私たちが経験したある会社のケースに舞台を移そう。

上場企業は四半期決算が義務づけられ、一般の企業でも事業年度ごとに計画を立てている。ところが、世の中には、四半期や年度といった期間で切り取っても実態がつかめない事業がある。

我々は産業再生機構で、海底ケーブルの会社の案件を扱った。この会社の歴史は古く、逓信省（現在の総務省）の肝いりで電線メーカー数社によってできた会社がもとになっている。

全盛期に、海底ケーブル以外の事業を含めて４００億円ぐらいの売り上げがあった。それが相談を受けた頃には１００億円以下に落ち込んでいた。２０００年頃までのＩＴバブルの時代に、海底ケーブル敷設ブームがあったが、ＩＴバブルがはじけたとたん、敷設計画がほぼ消滅した。東京ドームの2倍の広さの工場設備を抱えていながら、補修用のケーブル製造だけなので、稼働率が10％ぐらいしかない状態だった。

この会社を支援するかどうか、足元の数値だけを見たら当然ＮＯとの判断になる。では、どんな物差しを当てた意思決定だったのか。

主な海底ケーブルメーカーは、日本と米国とフランスだけに世界でわずか数社しかない。競合の数は少ないし、技術的な蓄積もある。ただ、需要が激減したことが苦戦の最大の原因なのだ。

したがって、支援するか否かは、将来の需要予測にかかってくる。だが、海底ケーブル需要が復活することに懐疑的な見方をする人も多かった。日米間の海底ケーブルは10％ぐらいしか使っていない事実がその根拠であった。

1年か5年か10年か——物差しを区別して考える

海底ケーブル需要は、通信のトラフィックの伸びと関係してくる。当時、YouTubeをはじめとする動画配信の影響もあって、トラフィックは年率100%以上、つまり2倍以上伸びていた。仮に、毎年倍々ゲームで伸びていくとすると、10年間で現在のキャパシティを超えるという試算になる。しかも、そのトラフィックが衛星通信などの代替技術によってはカバーできそうもないこともわかってくる。

この分析から、投資余力さえ復活すれば、次の海底ケーブルの敷設需要は必ず起きる。だが、今すぐではない。今後3年間くらいは需要が落ち込んだままだろうという予測が出てくる。

産業再生機構はもともと5年間限定の組織として出発して、実際には1年前倒しして4年間で清算している。この案件は、時間との勝負でもあったが支援決定がなされた。現在、この会社はNECと住友電気工業が出資する持ち株会社の傘下となり、NECグループの企業として立派に存続している。実際、需要回復に伴いしっかり黒字化を果たしている。

事業の特性を見極めてどれくらいの物差しを当てはめるのか。四半期の定規なのか、1年の定規なのか。その物差しを間違えると意思決定もおかしくなる。海底ケーブル事業の場合は、5年、10年の物差しを当てないと意味をなさなかったわけだ。

銀閣寺の物差しは何年か?

財務諸表は、企業会計のルールに基づき、1年間というサイクルで作成されるが、事業のサイクルは必ずしも1年間ではない。むしろ、1年間が事業のサイクルという事業のほうがまれである。

たとえば、事業サイクルの長いものは何か。海底ケーブルもそうだが、生命保険会社の死亡保険事業はもっと長い。ビジネスの基本単位が、30歳前後に契約して、死亡時の保険料支払いタイミングは、70歳前後というサイクルだからである。細かく言うと、死差（想定死亡率と実際の差）、利差（想定運用益と実際の差）、費差（想定費用と実際の差）の積み重ねで収益が決まるので、数十年単位の物差しで見ている。もっと長いサイクルもある。聞くところによると、京都の寺院は保守メンテナンス、大規模改装、手元資金運用を100年以上の時間軸で考えているそうである。

逆に、事業サイクルが短いビジネスももちろんある。スーパーマーケットは、日々是決戦で、日々の収益の積み重ねでマネジメントをしている。この場合は、1年間、あるいは月次というスパンではなく、日次での収益分析で、すぐに対策検討と打ち手の実行が求められる。株式や債券のデイトレーディングは、さらにもっと短いスパンで売買の意思決定をしている。

事業が本来持つ事業サイクルで数値分析をし、経営判断を下していかないと、間違った判断を下すことになる。これも、そもそもどんな事業をしていて、そんなマネジメントが重要なのかのリアリティーこそが、その土台となっている。

事業のサイクル≒経営管理のサイクル≒経営分析のサイクルでなければならないのだ。

IGPI流チェックポイント35

月次、四半期、年度決算がその事業のサイクルと一致しているとは限らない。当てる定規の長さによって、業績の評価や予測は大きく変わることは少なくない。

36 経営分析で同業他社を丸裸にする

「赤字覚悟に違いない」の間違い

経営分析は、自社の問題点をあぶり出すだけではなく、同業他社の強みや弱みを知る格好の手段でもある。

今、中国市場やインド市場といった今後大いなる成長が見込まれる新興国市場へ参入を目論む日本企業が多数いるであろう。ご承知のことだと思うが、ごく一部の業界、特定メーカーなどを除くと、新興国では、欧州系、韓国系企業が先行進出を遂げており、日系企業が後発参入組という事態が往々にしてある。

加えて、このような市場で後発参入しようとしても、地元のローカル企業でなく、欧州系・韓国系といった先進国でも競合品質を提供している相手が、日系企業の5～7割ぐらいの価格で商売をしていることが多々ある。

それを見て、欧州系も韓国系も、中国やインドは戦略地域だから、赤字覚悟で売っているに違いない、他の地域での儲けで補完しているから、あの品質をこの値段で商売できているに違いない、それは、長く続く話ではないなど、さまざまな憶測が持ち上がってくる。だが、はたしてそれを鵜呑みにしていいのだろうか。

簡単に確かめる方法がある。

欧州系や韓国系の現地法人の決算資料を取り寄せてきちんと分析をすれば、実は大方のことは判断ができる。

実際、彼らはきっちりと利益を出していることがまずわかる。価格を半分にできるからくりがいろいろある。競争相手の経営分析をすることで、その方法を知り、学び、戦うことができるかもしれない。

たとえば、ある欧州系メーカーの現地法人の財務諸表を見ると、開発費がほとんどゼロに近いことに気づく。

日系メーカーだと、市場ニーズに応えるために、各地域向けの製品開発をしたりするのに対し、その欧州系メーカーは、ほとんど開発をしないのだ。ありものでできる限りの商売をする。要望に応えるにしても、ほとんど費用がかからないところだけの対応をしていると言える。

したがって、事業としてしっかり持続できるのだ。「相手が無理をしている、長く続かない」と高を括り、待っているといつまでたっても差は埋まらない。

財務データを取り寄せて分析し、想像を働かせ、さらに補足情報を集めると、相手が何をしているのかが見えてくる。放っておけばよいのか、真の脅威なのかが見えてくる。

その結果、開発体制を変えないといけないとか、現地調達に切り替えないといけないといった課題が見えてくる。その課題に対して具体的にどうするか、解決策を考えていけるのだ。

逆に、絶対にかなわないことが経営分析から判明することもある。相手の儲けの仕組みを真摯に捉え、学んだ結果として、同じことをしてもかなわないという判断を行うことも重要な経営判断である。

相手のからくりをひっくり返す

こうやって、相手のからくりをひっくり返す、あるいは、からくりを取り込み進化させ、相手が真似できなくする、場合によっては競争を回避する等々、戦い方を考える。そして、戦い方を現実化する手段として、こうした競争相手との合従連衡、M&Aも選択肢として検討していく。

逆に、経営分析もせずに、「現地が欲しいのは、安かろう悪かろうだ」「中国だからしかたない」「インドだからできる話だ」と極々粗い一般論を理由に挙げ、諦めたら負けだ。そこから先は、思考停止である。

財務データをとって、ていねいに分析すれば、多くのことが経済メカニズムの視点で説明できるのだ。「ふつうにやったらかなわないように見えてしまうこと」は、思考停止を招きやすい。だからこそ、チャンスがある。

IGPI流チェックポイント36

取引先や競合他社を見るときも、財務データ、経営データを分析することで、従来とは違った見方を手に入れることができる。

37 「敵を知り、己を知り」、「百戦しても負けない」戦い方を編み出せ！

会社とは、「ゴーイング・コンサーン」である

『孫子』の兵法で最も有名な言葉は、「敵を知り、己を知れば、百戦危うからず」であろう。しかし、本書をここまで読んでいただければわかる通り、敵を知るのはもちろん、己を本当に知ることも、実は非常に難しいことなのだ。

会社というものは、生き物、ゴーイング・コンサーンである。生物学者の福岡伸一氏は、生物を「動的平衡」と定義している。会社も事業も、ある動的な「経済的」平衡によってその命を保っている。だから絶えず動き続け、変化し続ける。

そして外部環境と内部環境が不断に変化する中で、その平衡が不可逆的に崩れれば、あっという間に破綻する。どんなに健康な人間でも、3分間血流が止まり、脳が酸欠状態になれば、脳も生命も致命的な打撃を受けるように、会社もキャッシュショート状態が一定期間続けば、破産消滅は避けられない。

経営分析とは、この動的平衡のメカニズムを高い解像度と正しい構造認識で把握、理解

する作業である。一般的な分析手法で得られるデータは、この絶え間なく動き続ける平衡状態のある瞬間、ある局面を切り取ったものにすぎない。

大事なことは、そこからどのように全体を動態的に認識できるかである。動的平衡状態の実像が見えてくることで、その会社（あるいは競争相手）が持っている生々しい生命力、成長力、逆に潜在的なリスク、致命的な問題点も見えてくるのだ。

競争のメカニズム、事業の経済特性の中で、会社が長期的に生き残るためのどんな構造的な特徴（強みと弱み）を持っているのか。環境の激変に対して、今日を生き抜くためのリスク耐性がどれだけあるのか。リアルな経営分析とは、こうした事柄について、まさに事実として「敵を知り己を知る」ための実践的な方法論なのである。

答えは、学びと実践の繰り返しの中に

個別の事実や数字をかき集めても、それは意味を構成しない。勝ちパターンや、生き残りの規定要因に照らして、再構成し、縦に横に並べ直し、切り分け直していかないと、会社や事業の本質には迫れない。

そのためには、本書で説明した経済性に関わる諸原則に対するしっかりした理解・習熟

と、現場での分析作業から蓄積される実践的なセンスとが必要となる。学びと実践の繰り返しの中でしか、真の経営分析力は身につかないのだ。

しかし、すでにおわかりの通り、とりわけ特殊なスキルや技術が必要なわけではない。また、さまざまな立場の日常のビジネス活動において、自社であれ、取引先であれ、競争相手であれ、会社のこと、事業のことを真剣に分析すべき状況は、けっこうたくさんある。誰にでも優秀な経営分析者になれるチャンスはある。

経営分析を究めていく最終的な目的は、その会社、事業の未来を構造的に見通すことにある。未来を生き残り、勝ち抜く可能性とその前提条件。それを実現するための課題、解決の方策。こうした事柄を、まずは数字にこだわり、ビジネスの業務実態にこだわり突き詰めていくこと――これからリアルな経営分析に取り組む人たちは、まずはそこからスタートしなくてはならない。

そして読者の皆さんが、経営分析者として経験を重ね、ベテランになっても、結局、戻ってくるのも、この出発点である。会社と事業の持続的な発展性を規定する経済構造に関わる諸事実、そして環境激変に対応するバッファーとなる財務的な体力に関わる諸事実の分析なのだ。

IGPI流チェックポイント37

プロが本気で分析するのは、その会社と事業の経済性（儲けを決めるメカニズムとその堅固性）と、財務の健全性（いざというときの生存能力）。この2点について、数字と業務実態がコインの表裏のように整合的に納得できるまで、徹底的に分析せよ！

おわりに――「会社」も「事業」も無形物

読者の皆さんにとって、本書のリアル経営分析の知的な小旅行はどんなものであったろうか？　すでにお気づきかもしれないが、会社だ、事業だと言ってみても、それは目に見えない「無形物」なのである。だから会社や事業の本当の姿を知ることは、本当に難しい。

何度も強調してきたことだが、リアルな経営分析においては、ガチンコの競争の中にある、個別具体的な会社、ナマの事業が、どんな実態にあるのかを明らかにしなくてはならない。激しい競争や環境変化の中でも、「売り上げ－コスト＝利益＞ゼロ」を持続的に実現できる堅固な仕組みを持っているのか、そこにヒビは入っていないのか、危機的な状況が起きたときに、頓死してしまうようなアキレス腱はないのか、こうした事柄に関わる事実、実態、実像にどこまで近づけるかが勝負となる。しかしこうした事柄は、必ずしも形を持ったモノとして目に見えるものではない。本書で紹介してきた手法、チェックポイント、ものの考え方は、この無形なるものを、できる限り有形化するための技法（アート＆

サイエンス）と、それを身につけるための方法論なのである。

さらにややこしいのは、会社も事業も「無形」物なばかりか、日々変化していくもの、「動的平衡」物である。それゆえに、ある真実の姿を決定版として捉えることは不可能である。さまざまな手法やアプローチを駆使しながら、あるいは経験、勘、度胸（いわゆるＫＫＤ）も動員して、その動的メカニズムを理解し、可能な限りその実像に迫り続ける作業を継続することになる。

このような、経営分析という行為が内包している難しさに対して、分析者自身が謙虚な姿勢を持ち続けることは、非常に重要なことである。それを失ったとき、経営分析はリアリティーを失い、思い込みと独りよがりの経営空想物語に成り下がる。逆説的な表現になるが、分析対象、分析手法、自らの能力につねに疑いを持つことが、それらをより良く理解することへの近道なのである。

それでは、最後にクイズをもうひとつ。ある会社のある期間の財務データ（分析上、支障のない範囲で、実際の数値を加工）を示すので、そこからこの会社で起きている現象の実像について、いろいろと想像力を働かせながら、考えてみてもらいたい。

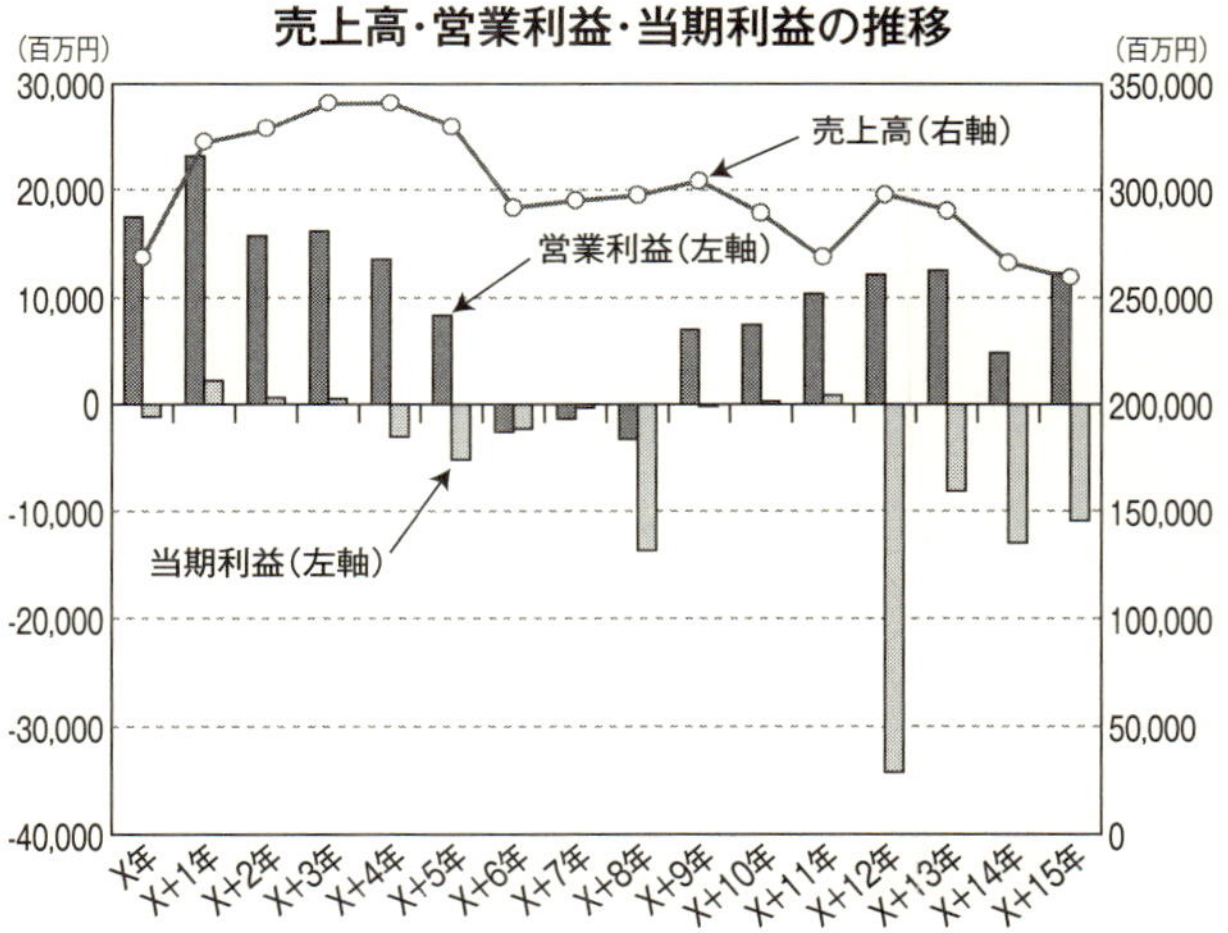
売上高・営業利益・当期利益の推移
(百万円)
(百万円)
30,000
20,000
10,000
0
-10,000
-20,000
-30,000
-40,000
350,000
300,000
250,000
200,000
150,000
100,000
50,000
0
売上高(右軸)
営業利益(左軸)
当期利益(左軸)
X年
X+1年
X+2年
X+3年
X+4年
X+5年
X+6年
X+7年
X+8年
X+9年
X+10年
X+11年
X+12年
X+13年
X+14年
X+15年

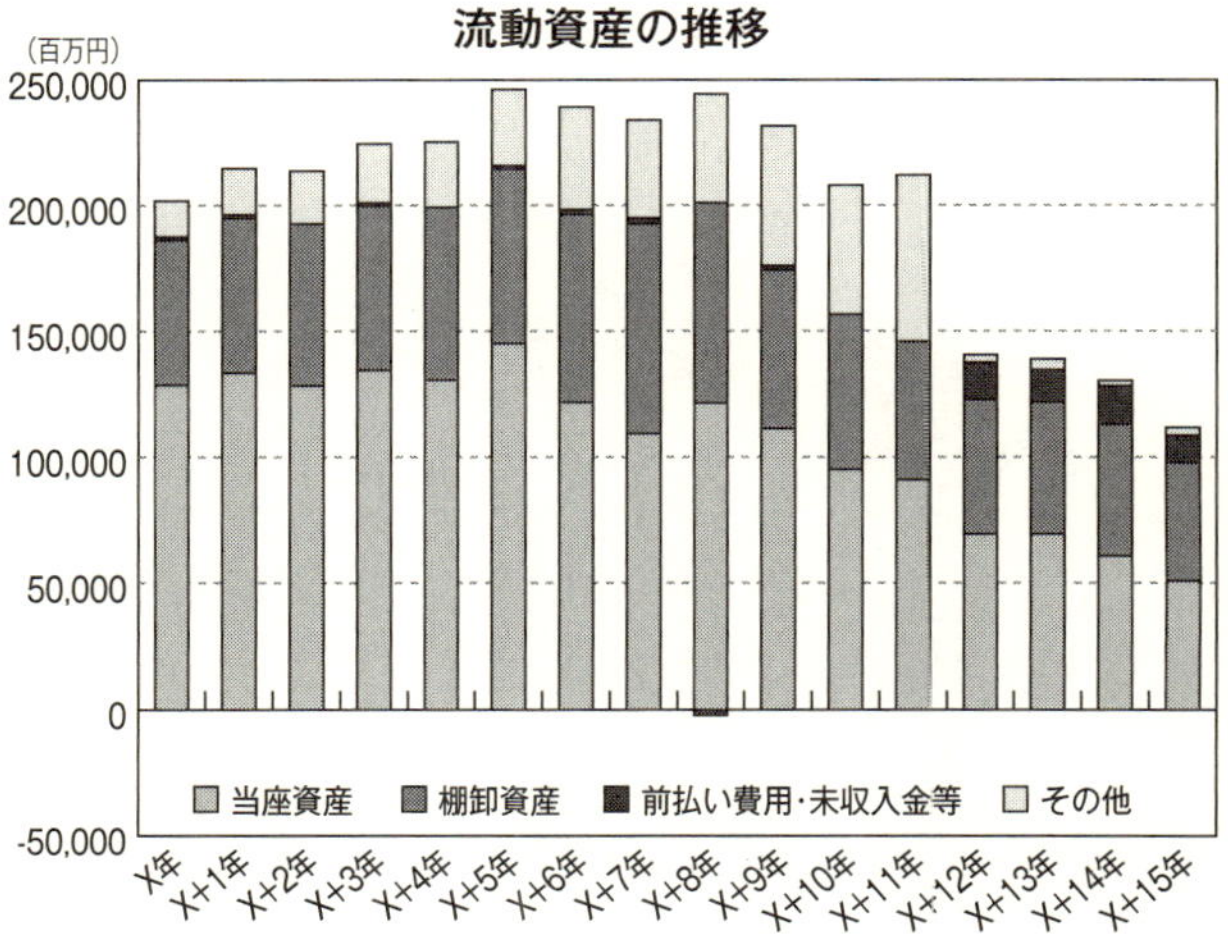
流動資産の推移
(百万円)
250,000
200,000
150,000
100,000
50,000
0
-50,000
当座資産
棚卸資産
前払い費用・未収入金等
その他
X年
X+1年
X+2年
X+3年
X+4年
X+5年
X+6年
X+7年
X+8年
X+9年
X+10年
X+11年
X+12年
X+13年
X+14年
X+15年

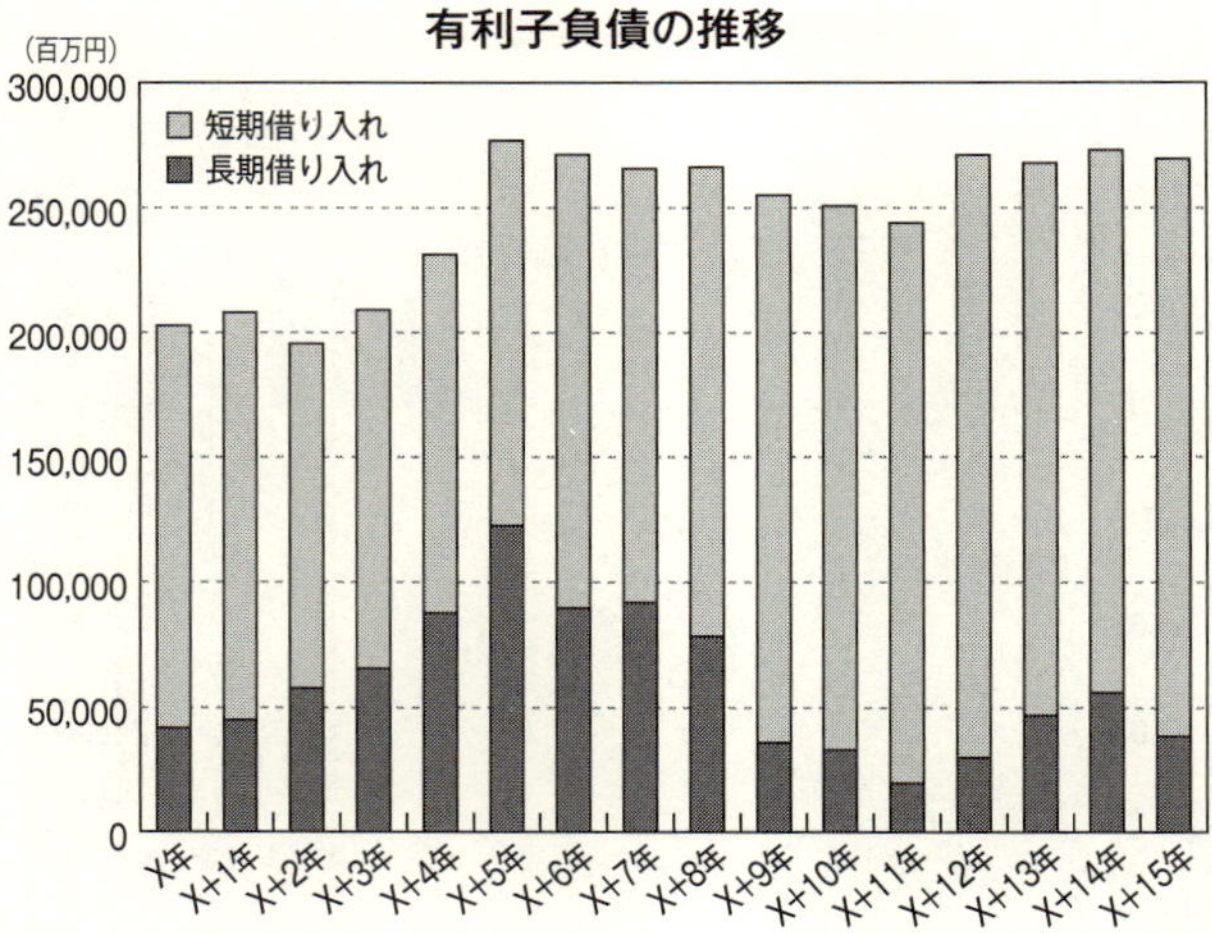

さあ、どうだろうか。繰り返すが、会社も事業も無形物だ。はっきりした正解があらかじめあるわけではない。この限られた情報から、皆さんそれぞれの「実像」があって構わない。大事なことは、本書で紹介した技法を駆使しながら、最後はご自身の頭で考え、分析することである。そして、いつかどこかで、筆者のいずれか、またはＩＧＰＩプロフェッショナル１００名の誰かが、このクイズの「答え」（≠正解）について読者の皆さんと議論する機会を持てることを楽しみにしている。

筆者一同

冨山和彦（とやま・かずひこ）
経営共創基盤（IGPI）代表取締役CEO／パートナー
1960年生まれ。東京大学法学部卒、スタンフォード大学経営学修士（MBA）。ボストンコンサルティンググループ、コーポレイトディレクション代表取締役社長、産業再生機構COOを経て、IGPIを設立。数多くの企業変革や業界再編に携わり、現在に至る。主な著書に『挫折力―― 一流になれる50の思考・行動術』（PHPビジネス新書）、『カイシャ維新　変革期の資本主義の教科書』（朝日新聞出版）、『会社は頭から腐る』（ダイヤモンド社）などがある。

経営共創基盤（けいえいきょうそうきばん）
Industrial Growth Platform, Inc.（IGPI）
2007年創立。企業経営者、経営コンサルタント、財務プロフェッショナル、会計士、税理士、弁護士等約100名の人材を有する。常駐協業型経営支援、事業・財務連動アドバイザリー、出資先の企業経営等の、IGPIならではのプロフェッショナルサービスを通じて、企業価値・事業価値向上への道筋を顧客企業と共に創り出している。主な出資先・関連企業に、みちのりホールディングス、ネクステック、IGPI上海がある。

〈執筆者〉

斉藤　剛（さいとう・たけし）
経営共創基盤（IGPI）マネージングディレクター／パートナー
1966年生まれ。東京工業大学工学修士、カーネギーメロン大学理学修士。コーポレイトディレクション、産業再生機構マネージングディレクター、OCC、カネボウの役員を経て、IGPIを設立。主に製造業、情報通信、サービス業における成長支援、経営改革に携わっている。共著に『事業再生の実践』（商事法務）などがある。

古川尚史（ふるかわ・たかし）
経営共創基盤（IGPI）ディレクター
1971年生まれ。東京大学工学部卒、東京大学経済学修士。日本銀行、ボストンコンサルティンググループを経て、複数の事業会社の経営者として、起業や再生実務等を執行した後、IGPIに参画。主に製造業、サービス業における新規事業開発、成長支援、業務改革に携わっている。

PHP
Business Shinsho

PHPビジネス新書 211

IGPI流
経営分析のリアル・ノウハウ

2012年3月5日　第1版第1刷発行

著　者　冨山和彦
　　　　経営共創基盤
発行者　安藤卓
発行所　株式会社PHP研究所
東京本部　〒102-8331　千代田区一番町21
ビジネス出版部　☎03-3239-6257(編集)
普及一部　☎03-3239-6233(販売)
京都本部　〒601-8411　京都市南区西九条北ノ内町11
PHP INTERFACE　http://www.php.co.jp/
装幀　齋藤稔
制作協力・組版　有限会社メディアネット
印刷所
製本所　共同印刷株式会社

ISBN978-4-569-80078-3

「ＰＨＰビジネス新書」発刊にあたって

わからないことがあったら「インターネット」で何でも一発で調べられる時代。本という形でビジネスの知識を提供することに何の意味があるのか……その一つの答えとして「**血の通った実務書**」というコンセプトを提案させていただくのが本シリーズです。

経営知識やスキルといった、誰が語っても同じに思えるものでも、ビジネス界の第一線で活躍する人の語る言葉には、独特の迫力があります。そんな、「**現場を知る人が本音で語る**」知識を、ビジネスのあらゆる分野においてご提供していきたいと思っております。

本シリーズのシンボルマークは、理屈よりも実用性を重んじた古代ローマ人のイメージです。彼らが残した知識のように、本書の内容が永きにわたって皆様のビジネスのお役に立ち続けることを願っております。

二〇〇六年四月

ＰＨＰ研究所